중국기업의 이해

중국기업의 이해

장동철 지음

한국학술정보(주)

머리말

    중국은 1970년대 후반 개혁개방을 계기로 연평균 10%의 빠른 경제성
장으로 현재 미국과 함께 세계경제를 선도하는 2강으로 도약했다. 이 책
은 저자가 지난 3년간 진행한 사례연구를 기반으로 중국기업에 관한 내
용을 정리한 것이다.

    총 8장으로 구성된 본문은 중국기업의 경쟁력을 살펴보고(제1부, 제1
장), 중국기업의 공장입지 선정경향을 분석하며(제2부, 제2~4장), 중국
기업의 품질경영에 대해 알아보고(제3부, 제5~6장), 마지막으로 중국기
업의 환경경영과 그 효율성을 분석(제4부, 제7~8장)하고 있다.

    이 책은 중국경제와 중국기업 경영을 연구하는 교수님들과 대학(원)
생들이 중국기업을 이해하고 실용적인 지식을 습득하는 데 도움이 될
수 있기를 바라면서 다음 사항에 특히 유의하였다.

    첫째, 문헌자료와 통계자료를 기반으로 한 중국기업에 관한 여느 책
들과 달리 중국기업에 대한 사례연구를 중심으로 독자들에게 실용성 있
는 자료를 제공하고자 하는 것이다.

    둘째, 중국기업에 관한 본 저서의 내용이해에 도움이 될 수 있도록 관

련 통계분석 기법을 자세히 설명하였다.

　셋째, 중국기업의 기업경영에 결정적인 역할을 하는 공장입지 선정에 관련된 내용을 다른 부문보다 자세히 다루고 있다.

　이 책이 출간되기까지 도움과 격려를 주신 많은 분들께 감사드린다. 그동안 자상하게 지도해주신 강원대학교 경영대학 김종순 교수님과 이 책을 저술하는 데 많은 조언을 주신 배재대학교 중국학부 중국통상학과 김상욱 교수님께 크게 감사드린다. 끝으로 이 책이 완성될 때까지 적극적인 도움을 주신 한국학술정보(주) 출판사업부 권성용 대리님과 깔끔하게 편집하여 주신 디자인편집부 여러분께 감사드린다.

2011년 11월

장동철 씀

Contents

제1부
중국기업의 경쟁력

제1장

근대 중국기업의 발전 및 경쟁력

1949년 이후 1978년 이전까지 중국은 제품을 포함한 자원을 정부가 배분하고, 이익 또한 정부에 귀속함과 아울러 손실 역시 정부가 책임지는 사회주의 계획경제를 실시했으나 경제적 성과가 낮았다. 이 시기 중국정부는 기업에 자재를 배분했으며, 기업의 필요자본은 중국정부 혹은 국유은행이 공급했다. 1978년 개혁개방을 계기로 외국인 직접투자를 유치하고 수출을 장려하는 정부정책과 국유기업의 개혁을 통한 빠른 경제성장을 이루어왔다. 60여 년의 고도 경제성장으로 중국의 위상은 날로 높아져 현재 미국과 함께 세계경제를 선도하는 2강으로 도약했다.

중국기업의 60여 년 발전사를 보면 단일공유제와 다각화 소유구조의 변화는 서로 보완하며 발전된 것이라 할 수 있다. 건국 초기 중국기업의 변화는 사회주의 국유기업의 구조적 확장으로 주도지위를 확립하였고, 합작사기업, 민영기업의 사회주의 개조를 통한 민영기업의 신속한 성장으로 다양한 소유제기업이 함께 발전하는 새로운 국면을 초래하였다. 중국기업의 발전, 특히 지난 60여 년의 발전은 대체적으로 V자(字)형 길을 걸어왔다 할 수 있다. 즉 건국 초기 상대적인 다각화에서 점차 단일형태로 축소되었다 개혁개방 후 다시 다각화가 되었는데, 좀 더 정확히 설명하면 새로운 다각화 국면이 초래되었다 할 수 있다.

이러한 중국기업 소유구조의 단일화와 다각화를 경제학 관점에서 보면 자원배분의 기업시각이라 할 수 있다. 다시 말하면, 각종 경제자원을 단일화 공유제 독점기업에 배분을 할 것인지, 아니면 다원화 공유제경제에 배분하는 것이 더 효율적인지에 있다. 건국 초기 30년 중국기업의 소유제구조는 주요하게 다각화에서 점차 긴축되어 단일화로 되었다가 개혁개방 후 단일공유제의 독점형태에서 다양한 소유제기업이 공존하는 구조로 바뀌었다.

중국기업은 단일공유제와 다원화공유제의 선택에서 최종적으로는 다각화 소유제의 공존공영(共存共榮)의 길을 선택하였는데 중국기업의 단일화와 다각화 60여 년 발전사를 보면, 국유기업과 같은 공유제기업과 민간기업과 같은 비공유제의 성쇠변화에서 단일화와 다각화는 상호 보완되고 있음을 알 수 있다.

1949년 민영(私營)과 자영업자 기업의 총생산액은 전체공업 총생산액의 70% 이상을 차지하였지만, 1957년 민영(私營)과 자영업자 기업의 총생산액은 전체공업 총생산액의 1%도 되지 않았다. 그 후 발생한 '대약진 운동'[1]과 3년간의 자연재해 및 10년간의 문화대혁명은 국민경제에 막심한 타격을 주어, 경제는 혼란에 빠지게 되었고, 제품과 서비스품질이 떨어지고, 일상소비용품이 부족하게 되어 '지하공장'이 나타나는 등 계획경제 체제의 여러 가지 문제점들이 나타나면서 정책입안자들은 개혁의 필요성을 인식하게 되었고, 1978년 중국공산당 제11기 3중 전체회의에서 마침내 개혁개방이란 중대한 결정을 하게 되었다. 이때로부터 중국 민영기업은 새로운 시대로 진입하여 성장될 수 있었다.

민영기업의 공헌이 돌출하였는데 2004년도 민영기업의 국민경제 공

---

1) 1958년에서 1960년까지 중국 전국에서 공·농업 생산의 비약적인 발전을 위해 맹목적으로 전개한 군중운동.

헌율은 60%를 초과하였다. 특히 1억이 넘는 일자리를 해결하였을 뿐만 아니라 도시와 농촌의 고정자산 투자분야에서 민영기업의 투자비중은 34%를 초과하였다. 이것은 민영기업이 중국 국민경제에서 중요한 역할을 하고, 대부분의 경제성과는 민영기업이 이룩한 것임을 알 수 있다. 중국 민영기업의 대표자라 할 수 있는 하이얼(海尔), 레노보(联想) 등 민영대기업은 국제시장에 진출하여 국제적 브랜드가 되었을 뿐만 아니라 많은 민영중소기업도 대외무역을 진행하고 있다. 2005년 1,000개의 중국 민영기업 조사에서 민영기업이 이미 중국 70%의 대외수출을 실현하였을 뿐만 아니라 생산한 제품들은 세계시장으로 팔려나가고 있다. 이들 민영기업은 풍부하고 저렴한 노동력에 기반을 둔 절대적인 가격경쟁 우위에 힘입어 국제시장 점유율을 높여가고 있다.

제1절 중국의 글로벌 500대 기업

2011년 ≪포춘≫이 선정한 글로벌 500대 기업에 중국 및 홍콩지역 기업이 61개 포함되어 있는데 이들 기업을 지역별로 보면 베이징(北京)이 41개 기업으로 가장 많고, 상해(上海) 5개 기업, 홍콩(香港) 4개 기업, 선전(深圳)과 우한(武汉)이 각 2개 기업, 광저우(广州), 창춘(长春), 스자좡(石家庄), 장자강(张家港), 정저우(郑州), 싱타이(邢台), 항저우(杭州) 각 1개 기업인 것으로 나타났다. 그리고 2011년 ≪포춘≫이 선정한 글로벌 500대 기업에 선정된 중국기업(61 기업)의 총사업소득은 2,892,612.70백만 달러인데, 이 중 ≪포춘≫이 선정한 글로벌 500대 기업의 10위권에 포함된 중국기업의 사업소득이 739,908.30백만 달러로 전체 중국기업(61개 기업) 사업소득의 25.58%를 점한다. 민영기업은 글로벌 500대 기업 중 351위인 화웨이(华为)와 366위인 장쑤싸강그룹(江苏沙钢集团) 두 기업뿐으로 ≪포춘≫이 선정한 글로벌 500대 기업에 포함된 61개 중국기업의 3.28%이다(<표 1> 참조).

〈표 1〉 ≪포춘≫ 글로벌 500대 중국 및 홍콩지역 기업

순위	회사명	글로벌 500기업 중 순위	도시	사업소득(백만 달러)
1	中国石化	5	北京	273,421.9
2	中国石油	6	北京	240,192.4
3	中国国家电网	7	北京	226,294
4	中国工商银行	77	北京	80,501.3
5	中国移动	87	北京	76, 673.3
6	中国中铁	95	北京	69,973.3
7	中国铁建	105	北京	67,414.1
8	中国建设银行	108	北京	67,081.4
9	中国人寿保险	113	北京	64,634.5
10	中国农业银行	127	北京	60,535.6
11	中国银行	132	北京	59,212.4
12	来宝集团	139	香港	56,696.1
13	东风汽车	145	武汉	55,748.2
14	中国建筑工程总公司	147	北京	54,721.1
15	中国南方电网	149	广州	54,448.7
16	上汽集团	151	上海	54,257.2
17	中国海洋石油总公司	162	北京	52,408.3
18	中国中化集团	168	北京	49,537.2
19	中国一汽集团	197	长春	43,434.4
20	中国交通建设集团	210	北京	40,414.2
21	宝钢集团	211	上海	40,327.4
22	中国中信集团	220	北京	38,984.5
23	中国电信	221	北京	38,469.3
24	中国南方工业集团	226	北京	37,996.4
25	中国五矿集团	228	北京	37,555.1
26	中国北方工业(集团)总公司	249	北京	35,629.4
27	中国华能集团公司	275	北京	33,681.2
28	河北钢铁集团	278	石家庄	33,548.6
29	中国人民保险公司	288	北京	32,579.4
30	神华集团	292	北京	32,446.1

31	中国冶金科工集团	296	北京	32,076.3
32	中国航空工业集团	310	北京	31,006.4
33	怡和集团	319	香港	30,053
34	首钢集团	325	北京	29,184.4
35	平安保险	327	深圳	28,927.2
36	中国铝业公司	330	北京	28,871
37	武汉钢铁	340	武汉	28,170.4
38	中国邮政	342	北京	28,093.6
39	中国华润总公司	345	香港	27,820.4
40	华为	351	深圳	27,355.7
41	中钢集团	353	北京	27,265.6
42	和记黄埔	361	香港	26,925.9
43	中粮集团	365	北京	26,468.8
44	江苏沙钢集团	366	张家港	26,387.8
45	中国联通	370	上海	26,025
46	中国大唐集团	374	北京	25,915.4
47	交通银行	397	上海	26,264.3
48	中国远洋运输集团	398	北京	24,249.7
49	中国国电集团	404	北京	24,016.4
50	中国电子科技集团	407	北京	23,761.3
51	中国铁路物资总公司	429	北京	22,630.7
52	中国航海油料集团	430	北京	22,630.1
53	中国机械工业集团	434	北京	22,486.9
54	河南煤业化工集团	445	郑州	21,714.7
55	联想集团	449	北京	21,594.4
56	冀中能源集团	457	邢台	21,255.2
57	中国船舶重工集团	462	北京	21,054.9
58	太平洋保险公司	466	上海	20,878
59	中国化工集团	474	北京	20,715
60	浙江物产集团	483	杭州	20,001.4
61	中国建筑材料集团	484	北京	19,995.8
	합계			2,892,612.70

자료출처: 经济观察网2)

---

2) http://www.eeo.com.cn/2011/0708/205626.shtml.

제2절 중국의 500대 기업

2011년 9월 3일, 중국기업연합회, 중국기업가협회에서 주최하고 쓰촨(四川)성 인민정부가 협조하고 청두(成都)시 인민정부가 개최한 2011년 중국의 500대 기업발표회의에서 중국의 500대 기업이 발표되었다(신화사(新华社)).

이번에 발표된 2011년 중국의 500대 기업에 포함된 기업의 최저 사업 소득은 작년 110.8억 위안에서 28.1% 증가한 141.99억 위안으로 나타났다. 2011년 중국 500대 기업의 사업소득 총액은 36.31억 위안으로 2010년보다 31.6% 증가했고, 자산총액은 108.1만억 위안으로 2010년보다 18.4% 증가했고, 총이윤은 2.08만억 위안으로 2010년보다 38.67% 증가했고, 총납세액은 2.73만억 위안으로 2010년보다 28.77% 증가하였는데 이것은 2010년 중국 총납세액의 37.3%를 점한다. 그리고 2011년 중국의 500대 기업의 해외사업 소득총액의 성장률은 53.55%에 달하고, 해외자산 총액 성장률은 38.9%, 해외직원 수는 35.48% 증가하였다. 2011년 중국의 500대 기업에 포함된 기업들 중, 182개 기업이 인수 합병을 신청하였으며, 총 1,112개 기업을 인수 합병하였는데, 일부지역의 국유기업은 인수 합병을 통하여 글로벌 500대 기업에 이름을 올릴 수 있었다.

<表 2> 2011년 중국의 500대 기업

순 위	회사명	사업소득(만 위안)
1	中国石油化工集团公司	196,904,221
2	中国石油天然气集团公司	172,088,519
3	国家电网公司	152,880,849
4	中国工商银行股份有限公司	54,500,200
5	中国移动通信集团公司	51,901,596
6	中国中铁股份有限公司	47,366,265
7	中国铁建股份有限公司	47,015,879
8	中国建设银行股份有限公司	45,408,700
9	中国人寿保险(集团)公司	43,752,296
10	中国农业银行股份有限公司	40,794,200
11	中国银行股份有限公司	40,024,770
12	中国建筑股份有限公司	37,041,753
13	东风汽车公司	36,883,383
14	中国南方电网有限责任公司	36,857,369
15	上海汽车工业(集团)总公司	36,727,716
16	中国海洋石油总公司	35,476,183
17	中国中化集团公司	33,532,680
18	中国第一汽车集团公司	29,401,552
19	中国交通建设股份有限公司	27,357,150
20	宝钢集团有限公司	27,298,409
21	中国中信集团公司	26,389,387
22	中国电信集团公司	26,040,613
23	中国兵器装备集团公司	25,720,490
24	中国五矿集团公司	25,421,754
25	中国人民保险集团股份有限公司	24,431,400
26	中国兵器工业集团公司	24,118,198
27	中国华能集团公司	22,799,419
28	河北钢铁集团有限公司	22,709,711
29	神华集团有限责任公司	21,963,390
30	中国冶金科工集团有限公司	21,713,056
31	中国航空工业集团公司	20,988,800
32	首钢总公司	19,753,446
33	百联集团有限公司	19,644,457
34	中国平安保险(集团)股份有限公司	19,553,413
35	中国铝业公司	19,543,309

순 위	회사명	사업소득(만 위안)
36	武汉钢铁(集团)公司	19,069,111
37	中国邮政集团公司	19,017,095
38	华润(集团)有限公司	18,805,269
39	华为技术有限公司	18,507,600
40	中国中钢集团公司	18,456,624
41	中粮集团有限公司	17,917,250
42	江苏沙钢集团有限公司	17,862,398
43	中国联合网络通信集团有限公司	17,681,154
44	中国大唐集团公司	17,542,649
45	中国远洋运输(集团)总公司	16,415,080
46	交通银行股份有限公司	16,374,112
47	中国国电集团公司	16,242,588
48	广州汽车工业集团有限公司	16,224,204
49	中国电子信息产业集团有限公司	16,084,475
50	北京汽车集团有限公司	15,769,729
51	苏宁电器集团有限公司	15,622,292
52	国美电器有限公司	15,490,000
53	中国铁路物资股份有限公司	15,319,125
54	中国航空油料集团公司	15,318,726
55	中国机械工业集团有限公司	15,221,844
56	鞍钢集团公司	15,157,209
57	天津市物资集团总公司	14,862,736
58	河南煤业化工集团有限责任公司	14,699,085
59	联想控股有限公司	14,669,743
60	冀中能源集团有限责任公司	14,385,863
61	中国船舶重工集团公司	14,252,440
62	中国太平洋保险(集团)股份有限公司	14,166,200
63	海尔集团公司	14,053,629
64	中国化工集团公司	14,022,404
65	浙江省物产集团公司	13,539,303
66	中国建筑材料集团有限公司	13,535,530
67	中国华电集团公司	13,015,252
68	中国电力投资集团公司	12,704,010
69	山东魏桥创业集团有限公司	11,845,598
70	美的集团有限公司	11,671,971
71	太原钢铁(集团)有限公司	11,654,838

순 위	회사명	사업소득(만 위안)
72	山西煤炭运销集团有限公司	11,588,080
73	山东钢铁集团有限公司	10,976,027
74	中国平煤神马能源化工集团有限责任公司	10,662,320
75	山东能源集团有限公司	10,598,960
76	山西焦煤集团有限责任公司	10,572,891
77	光明食品(集团)有限公司	10,417,152
78	陕西延长石油(集团)有限责任公司	10,207,104
79	黑龙江北大荒农垦集团总公司	10,160,000
80	中国水利水电建设集团公司	10,148,156
81	上海电气(集团)总公司	9,942,011
82	天津冶金集团有限公司	9,852,214
83	中国供销集团有限公司	9,693,017
84	天津汽车工业(集团)有限公司	9,665,895
85	中国中煤能源集团有限公司	9,601,682
86	天津中环电子信息集团有限公司	9,480,707
87	上海绿地(集团)有限公司	9,478,176
88	中国外运长航集团有限公司	9,465,135
89	中国通用技术(集团)控股有限责任公司	9,383,848
90	新华人寿保险股份有限公司	9,364,308
91	开滦(集团)有限责任公司	9,326,836
92	金川集团有限公司	9,233,633
93	潍柴控股集团有限公司	9,113,760
94	中国航天科工集团公司	9,043,872
95	中国医药集团总公司	8,817,424
96	江西铜业集团公司	8,634,538
97	大连大商集团有限公司	8,615,769
98	上海建工(集团)总公司	8,585,000
99	天津钢管集团股份有限公司	8,515,615
100	山西潞安矿业(集团)有限责任公司	8,500,830
101	天津天钢集团有限公司	8,300,015
102	中国航空集团公司	8,248,441
103	中国重型汽车集团有限公司	8,119,180
104	新兴际华集团有限公司	8,035,667
105	中国东方航空集团公司	8,010,875
106	中国南方航空集团公司	7,824,707
107	泰康人寿保险股份有限公司	7,744,119

순위	회사명	사업소득(만 위안)
108	阳泉煤业(集团)有限责任公司	7,555,878
109	上海烟草集团有限责任公司	7,282,682
110	招商银行股份有限公司	7,137,700
111	天津天铁冶金集团有限公司	7,130,832
112	中兴通讯股份有限公司	7,026,387
113	本钢集团有限公司	6,902,791
114	山西晋城无烟煤矿业集团有限责任公司	6,854,486
115	浙江吉利控股集团有限公司	6,827,951
116	马钢(集团)控股有限公司	6,805,958
117	华晨汽车集团控股有限公司	6,793,178
118	正威国际集团有限公司	6,781,763
119	厦门建发集团有限公司	6,770,462
120	中国南车集团公司	6,680,286
121	铜陵有色金属集团控股有限公司	6,654,485
122	万向集团公司	6,613,800
123	徐州工程机械集团有限公司	6,602,645
124	湖南华菱钢铁集团有限责任公司	6,578,713
125	中国北方机车车辆工业集团公司	6,482,579
126	中国海运(集团)总公司	6,481,092
127	新疆广汇实业投资(集团)有限责任公司	6,475,589
128	雨润控股集团有限公司	6,475,546
129	海航集团有限公司	6,466,806
130	杭州钢铁集团公司	6,436,295
131	海信集团有限公司	6,374,092
132	红塔烟草(集团)有限责任公司	6,325,981
133	江苏悦达集团有限公司	6,232,144
134	国家开发投资公司	6,143,153
135	南京钢铁集团有限公司	6,098,646
136	珠海振戎公司	6,098,492
137	珠海格力电器股份有限公司	6,080,724
138	广厦控股创业投资有限公司	6,035,959
139	兖矿集团有限公司	6,032,548
140	湖南中烟工业有限责任公司	5,888,856
141	四川长虹电子集团有限公司	5,859,688
142	福建联合石油化工有限公司	5,857,077
143	广东物资集团公司	5,831,123

순 위	회사명	사업소득(만 위안)
144	酒泉钢铁(集团)有限责任公司	5,694,581
145	新希望集团有限公司	5,595,767
146	广东省广新控股集团有限公司	5,579,451
147	红云红河烟草(集团)有限责任公司	5,499,012
148	杭州娃哈哈集团有限公司	5,487,355
149	中国民生银行股份有限公司	5,476,800
150	绿城房地产集团有限公司	5,420,000
151	安徽海螺集团有限责任公司	5,389,400
152	庞大汽贸集团股份有限公司	5,377,439
153	海亮集团有限公司	5,258,400
154	北大方正集团有限公司	5,214,299
155	武汉商联(集团)股份有限公司	5,212,909
156	TCL集团股份有限公司	5,183,357
157	中国国际海运集装箱(集团)股份有限公司	5,176,832
158	陕西煤业化工集团有限责任公司	5,156,645
159	淮南矿业(集团)有限责任公司	5,150,679
160	北京建龙重工集团有限公司	5,126,817
161	江苏华西集团公司	5,125,876
162	中国黄金集团公司	5,122,864
163	南山集团有限公司	5,120,064
164	长沙中联重工科技发展股份有限公司	5,085,768
165	山东六和集团有限公司	5,068,613
166	河南省漯河市双汇实业集团有限责任公司	5,066,989
167	三一集团有限公司	5,020,000
168	中天钢铁集团有限公司	5,016,965
169	中国中材集团有限公司	5,010,701
170	天津市一轻集团(控股)有限公司	5,000,300
171	上海浦东发展银行股份有限公司	4,985,585
172	中国港中旅集团公司	4,837,930
173	广州铁路(集团)公司	4,818,250
174	厦门国贸控股有限公司	4,809,649
175	包头钢铁(集团)有限责任公司	4,797,643
176	内蒙古电力(集团)有限责任公司	4,774,013
177	浙江省能源集团有限公司	4,702,046
178	中国诚通控股集团有限公司	4,674,979
179	比亚迪股份有限公司	4,668,535

순 위	회사명	사업소득(만 위안)
180	陕西有色金属控股集团有限责任公司	4,622,904
181	山东大王集团有限公司	4,592,139
182	浙江省兴合集团公司	4,580,663
183	恒大地产集团	4,580,140
184	上海复星高科技(集团)有限公司	4,569,219
185	天津渤海化工集团公司	4,559,695
186	中国有色矿业集团有限公司	4,547,986
187	无锡产业发展集团有限公司	4,505,925
188	中国核工业集团公司	4,454,545
189	日照钢铁控股集团有限公司	4,412,783
190	安徽省徽商集团有限公司	4,379,994
191	天津荣程联合钢铁集团有限公司	4,376,256
192	安阳钢铁集团有限责任公司	4,372,115
193	兴业银行股份有限公司	4,345,591
194	大连万达集团股份有限公司	4,339,652
195	江苏新长江实业集团有限公司	4,329,266
196	北京城建集团有限责任公司	4,321,296
197	广东省粤电集团有限公司	4,299,980
198	中国烟草总公司湖南省公司	4,294,715
199	大秦铁路股份有限公司	4,201,380
200	上海世博(集团)有限公司	4,122,641
201	湖北宜化集团有限责任公司	4,108,935
202	山西煤炭进出口集团有限公司	4,062,147
203	上海城建(集团)公司	4,060,000
204	四川省宜宾五粮液集团有限公司	4,029,684
205	三胞集团有限公司	3,980,819
206	厦门海翼集团有限公司	3,951,373
207	北京建工集团有限责任公司	3,933,412
208	新余钢铁集团有限公司	3,866,655
209	东方电气股份有限公司	3,808,011
210	河北津西钢铁集团股份有限公司	3,775,850
211	云天化集团有限责任公司	3,766,624
212	物美控股集团有限公司	3,750,456
213	上海医药集团股份有限公司	3,741,107
214	广东格兰仕集团有限公司	3,722,894
215	广西玉柴机器集团有限公司	3,704,602

순위	회사명	사업소득(만 위안)
216	中国葛洲坝集团公司	3,704,335
217	山东省商业集团有限公司	3,702,662
218	上海华谊(集团)公司	3,699,916
219	新华联合冶金投资集团有限公司	3,690,620
220	上海纺织控股(集团)公司	3,634,705
221	浙江恒逸集团有限公司	3,607,627
222	天津百利机电控股集团有限公司	3,582,315
223	大连西太平洋石油化工有限公司	3,570,378
224	黑龙江龙煤矿业控股集团有限责任公司	3,563,681
225	浙江中烟工业有限责任公司	3,542,970
226	奇瑞汽车股份有限公司	3,537,921
227	内蒙古伊泰集团有限公司	3,525,971
228	江苏汇鸿国际集团有限公司	3,511,668
229	山东黄金集团有限公司	3,493,835
230	浙江省国际贸易集团有限公司	3,491,306
231	青岛钢铁控股集团有限责任公司	3,485,576
232	安徽江淮汽车集团有限公司	3,471,074
233	华侨城集团公司	3,442,354
234	河北敬业企业集团有限责任公司	3,438,118
235	临沂新程金锣肉制品集团有限公司	3,423,996
236	广发银行股份有限公司	3,408,515
237	雅戈尔集团股份有限公司	3,348,136
238	广东省交通集团有限公司	3,308,711
239	大冶有色金属集团控股有限公司	3,264,918
240	中国化学工程股份有限公司	3,258,320
241	恒力集团有限公司	3,250,480
242	哈尔滨电气集团公司	3,225,505
243	淮北矿业(集团)有限责任公司	3,223,792
244	重庆商社(集团)有限公司	3,215,632
245	太平人寿保险有限公司	3,200,626
246	江苏三房巷集团有限公司	3,177,616
247	北京首都旅游集团有限责任公司	3,169,904
248	浙江省商业集团有限公司	3,161,013
249	江西萍钢实业股份有限公司	3,149,313
250	陕西汽车集团有限责任公司	3,137,042
251	北京控股集团有限公司	3,118,499

순 위	회사명	사업소득(만 위안)
252	浙江省建设投资集团有限公司	3,101,645
253	中国中纺集团公司	3,087,432
254	金东纸业(江苏)股份有限公司	3,075,301
255	北京金隅集团有限责任公司	3,073,125
256	湖北中烟工业有限责任公司	3,071,298
257	通威集团有限公司	3,063,896
258	浪潮集团有限公司	3,053,517
259	宁波金田投资控股有限公司	3,036,011
260	内蒙古蒙牛乳业(集团)股份有限公司	3,026,541
261	内蒙古伊利实业集团股份有限公司	2,966,498
262	江苏苏宁环球集团有限公司	2,952,000
263	重庆建工集团股份有限公司	2,923,386
264	长城汽车股份有限公司	2,897,189
265	江苏西城三联控股集团有限公司	2,867,590
266	江苏阳光集团有限公司	2,866,095
267	天狮集团有限公司	2,856,380
268	紫金矿业集团股份有限公司	2,853,958
269	中国工艺(集团)公司	2,838,134
270	红豆集团有限公司	2,818,600
271	广东省丝绸纺织集团有限公司	2,773,446
272	南方石化集团有限公司	2,752,872
273	广州医药集团有限公司	2,752,645
274	杭州汽轮动力集团有限公司	2,745,835
275	中天发展控股集团有限公司	2,734,295
276	江铃汽车集团公司	2,719,540
277	湖南省建筑工程集团总公司	2,714,049
278	海南大印集团有限公司	2,713,098
279	河南中烟工业有限责任公司	2,682,846
280	晶龙实业集团有限公司	2,672,924
281	四川华西集团有限公司	2,671,700
282	天津一商集团有限公司	2,660,644
283	新华联控股有限公司	2,623,299
284	奥克斯集团有限公司	2,621,103
285	成都建筑工程集团总公司	2,619,663
286	浙江荣盛控股集团有限公司	2,604,134
287	山东泰山钢铁集团有限公司	2,604,107

순 위	회사명	사업소득(만 위안)
288	江苏中特钢铁有限公司	2,602,279
289	唐山港陆钢铁有限公司	2,598,080
290	碧桂园控股有限公司	2,580,411
291	厦门象屿集团有限公司	2,576,816
292	中国盐业总公司	2,568,624
293	滨化集团公司	2,546,193
294	山东招金集团有限公司	2,536,421
295	四川宏达(集团)有限公司	2,536,014
296	中能(集团)有限公司	2,534,147
297	四川省川威集团有限公司	2,519,760
298	扬子江药业集团有限公司	2,501,626
299	海澜集团有限公司	2,501,357
300	合肥百货大楼集团股份有限公司	2,490,000
301	正泰集团有限公司	2,488,000
302	人民电器集团有限公司	2,485,721
303	北京银行	2,483,461
304	江阴澄星实业集团有限公司	2,452,410
305	北京市政路桥建设控股(集团)有限公司	2,451,385
306	华夏银行股份有限公司	2,447,889
307	阳光保险集团股份有限公司	2,446,216
308	广州市建筑集团有限公司	2,428,809
309	百兴集团有限公司	2,421,253
310	南京医药产业(集团)有限责任公司	2,415,239
311	重庆机电控股(集团)公司	2,412,418
312	中国恒天集团有限公司	2,405,347
313	世纪金源投资集团有限公司	2,402,798
314	海城市西洋镁矿有限公司	2,400,325
315	江苏高力集团有限公司	2,393,521
316	广东省广晟资产经营有限公司	2,368,231
317	山东时风(集团)有限责任公司	2,363,926
318	广西建工集团有限责任公司	2,346,788
319	浙江省交通投资集团有限公司	2,337,958
320	唐山瑞丰钢铁(集团)有限公司	2,337,512
321	云南建工集团有限公司	2,333,215
322	天津友发钢管集团有限公司	2,330,848
323	金龙精密铜管集团股份有限公司	2,329,025

순 위	회사명	사업소득(만 위안)
324	河北文丰钢铁有限公司	2,324,345
325	山东鲁北企业集团总公司	2,324,123
326	陕西东岭工贸集团股份有限公司	2,322,147
327	陕西建工集团总公司	2,312,286
328	福佳集团有限公司	2,301,336
329	江苏扬子江船业集团公司	2,266,895
330	上海华冶钢铁集团有限公司	2,258,908
331	杭州橡胶(集团)公司	2,249,364
332	中国煤炭科工集团有限公司	2,236,925
333	青建集团股份公司	2,228,763
334	广西投资集团有限公司	2,221,897
335	福建省三钢(集团)有限责任公司	2,220,311
336	中国国际技术智力合作公司	2,220,298
337	上海人民企业(集团)有限公司	2,207,688
338	重庆钢铁(集团)有限责任公司	2,198,712
339	义马煤业集团股份有限公司	2,196,755
340	江西赛维LDK太阳能高科技有限公司	2,196,582
341	山东太阳纸业股份有限公司	2,196,542
342	华盛江泉集团有限公司	2,193,973
343	万基控股集团有限公司	2,190,828
344	东方国际(集团)有限公司	2,187,347
345	上海市糖业烟酒(集团)有限公司	2,180,001
346	河南神火集团有限公司	2,175,477
347	南金兆集团有限公司	2,175,187
348	广东省建筑工程集团有限公司	2,129,624
349	九州通医药集团股份有限公司	2,125,177
350	远大物产集团有限公司	2,121,081
351	山东中烟工业有限责任公司	2,118,738
352	徐州矿务集团有限公司	2,109,802
353	重庆化医控股(集团)公司	2,105,643
354	青山控股集团有限公司	2,100,000
355	桐昆集团股份有限公司	2,099,222
356	山东京博控股股份有限公司	2,084,451
357	山东金诚石化集团有限公司	2,082,155
358	云南煤化工集团有限公司	2,082,031
359	贵州中烟工业有限责任公司	2,074,708

순 위	회사명	사업소득(만 위안)
360	吉林亚泰(集团)股份有限公司	2,069,831
361	德力西集团有限公司	2,069,467
362	新世纪控股集团有限公司	2,064,319
363	安徽省皖北煤电集团有限责任公司	2,062,864
364	江苏南通三建集团有限公司	2,058,000
365	天津二轻集团(控股)有限公司	2,056,793
366	新疆特变电工集团有限公司	2,053,899
367	江苏国泰国际集团有限公司	2,053,783
368	雅居乐地产控股有限公司	2,052,019
369	昆明钢铁控股有限公司	2,050,435
370	深圳市天音通信发展有限公司	2,038,253
371	盾安控股集团有限公司	2,035,269
372	江苏南通二建集团有限公司	2,034,806
373	旭阳控股有限公司	2,033,958
374	郑州煤炭工业(集团)有限责任公司	2,032,412
375	陕西龙门钢铁(集团)有限责任公司	2,028,705
376	山东如意科技集团有限公司	2,020,289
377	亚邦投资控股集团有限公司	2,014,886
378	沈阳煤业(集团)有限责任公司	2,009,407
379	上海外高桥造船有限公司	2,008,777
380	天正集团有限公司	2,003,138
381	青岛啤酒股份有限公司	1,989,783
382	北京京城机电控股有限责任公司	1,982,564
383	重庆市能源投资集团公司	1,980,039
384	西王集团有限公司	1,974,421
385	东北特殊钢集团有限责任公司	1,967,419
386	腾讯控股有限公司	1,964,603
387	河南豫联能源集团有限责任公司	1,962,774
388	尚德电力控股有限公司	1,960,379
389	金地(集团)股份有限公司	1,959,250
390	中金再生资源(中国)投资有限公司	1,957,180
391	浙江前程投资股份有限公司	1,952,596
392	江苏省丝绸集团有限公司	1,941,494
393	丰立集团有限公司	1,928,819
394	沈阳远大企业集团	1,920,049
395	上海国际港务(集团)股份有限公司	1,910,545

순 위	회사명	사업소득(만 위안)
396	中国广东核电集团有限公司	1,906,885
397	西部矿业集团有限公司	1,899,157
398	天津市医药集团有限公司	1,897,284
399	山东高速集团有限公司	1,872,435
400	山东晨鸣纸业集团股份有限公司	1,866,196
401	伊川电力集团总公司	1,853,812
402	春风实业集团有限责任公司	1,852,903
403	浙江中成控股集团有限公司	1,837,328
404	中储发展股份有限公司	1,834,723
405	同方股份有限公司	1,825,751
406	中南控股集团有限公司	1,825,268
407	华泰集团有限公司	1,808,503
408	北京外企服务集团有限责任公司	1,801,715
409	哈药集团有限公司	1,800,000
410	上海永达控股(集团)有限公司	1,785,615
411	河北普阳钢铁有限公司	1,785,275
412	广州万宝集团有限公司	1,771,204
413	万达控股集团有限公司	1,760,489
414	新疆金风科技股份有限公司	1,759,550
415	天津港(集团)有限公司	1,751,557
416	沂州集团有限公司	1,749,998
417	西林钢铁集团有限公司	1,735,829
418	广西柳工集团有限公司	1,723,390
419	江苏省苏中建设集团股份有限公司	1,720,446
420	内蒙古鄂尔多斯羊绒集团有限责任公司	1,716,680
421	北京能源投资(集团)有限公司	1,714,195
422	新华锦集团有限公司	1,709,406
423	云南冶金集团股份有限公司	1,707,230
424	苏州创元投资发展(集团)有限公司	1,693,208
425	利群集团股份有限公司	1,693,036
426	盛虹集团有限公司	1,689,406
427	利华益集团股份有限公司	1,681,632
428	江苏法尔胜泓昇集团有限公司	1,663,644
429	东营方圆有色金属有限公司	1,655,967
430	山东东明石化集团有限公司	1,654,831
431	河北省物流产业集团有限公司	1,653,285

순 위	회사명	사업소득(만 위안)
432	江苏金浦集团有限公司	1,652,418
433	安徽建工集团有限公司	1,651,463
434	中国轻工业品进出口总公司	1,650,754
435	安徽国贸集团控股有限公司	1,648,284
436	江苏新世纪造船(集团)有限公司	1,644,184
437	云南锡业集团(控股)有限责任公司	1,643,841
438	四川公路桥梁建设集团有限公司	1,643,166
439	大连机床集团有限责任公司	1,642,154
440	亨通集团有限公司	1,641,979
441	北京首都创业集团有限公司	1,637,597
442	三角集团有限公司	1,626,122
443	江苏双良集团有限公司	1,625,919
444	江苏金辉集团公司	1,620,772
445	郑州宇通集团有限公司	1,620,560
446	河北建工集团有限责任公司	1,620,000
447	石家庄北国人百集团有限责任公司	1,619,223
448	江苏华厦融创置地集团有限公司	1,615,860
449	宁波银亿集团有限公司	1,615,030
450	重庆力帆控股有限公司	1,605,513
451	山东石横特钢集团有限公司	1,592,328
452	湖南晟通科技集团有限公司	1,590,499
453	山东西水橡胶集团有限公司	1,590,462
454	中国西电集团公司	1,588,152
455	波司登股份有限公司	1,580,011
456	山东淄博傅山企业集团有限公司	1,578,594
457	新疆天业(集团)有限公司	1,575,338
458	天津城建集团有限公司	1,565,900
459	山西省国新能源发展集团有限公司	1,557,374
460	深圳市中金岭南有色金属股份有限公司	1,552,235
461	精功集团有限公司	1,551,021
462	中国贵州茅台酒厂有限责任公司	1,550,241
463	黑龙江省建设集团有限公司	1,534,629
464	宁波富邦控股集团有限公司	1,530,145
465	白银有色集团股份有限公司	1,529,410
466	福建省能源集团有限责任公司	1,528,110
467	重庆轻纺控股(集团)公司	1,527,488

순 위	회사명	사업소득(만 위안)
468	中太建设集团股份有限公司	1,527,046
469	华勤橡胶工业集团	1,521,231
470	浙江宝业建设集团有限公司	1,518,836
471	维维集团股份有限公司	1,516,718
472	天津市津能投资公司	1,514,162
473	北京住总集团有限责任公司	1,510,600
474	龙湖地产有限公司	1,509,312
475	玲珑集团有限公司	1,508,721
476	山东博汇集团有限公司	1,507,067
477	浙江昆仑控股集团有限公司	1,504,480
478	三河汇福粮油集团有限公司	1,503,658
479	凌源钢铁集团有限责任公司	1,493,466
480	隆鑫控股有限公司	1,485,079
481	山东科达集团有限公司	1,480,177
482	武安市裕华钢铁有限公司	1,474,151
483	海城市后英经贸集团有限公司	1,469,641
484	许继集团有限公司	1,469,260
485	青岛港(集团)有限公司	1,464,587
486	浙江元立金属制品集团有限公司	1,461,790
487	河南豫光金铅集团有限责任公司	1,458,460
488	传化集团有限公司	1,457,968
489	远东控股集团有限公司	1,453,368
490	河北新金钢铁有限公司	1,445,683
491	天津市建工集团(控股)有限公司	1,443,121
492	北京燕京啤酒集团公司	1,441,961
493	沈阳机床(集团)有限责任公司	1,435,268
494	老凤祥股份有限公司	1,431,090
495	浙江八达建设集团有限公司	1,428,656
496	辽宁铁法能源有限责任公司	1,428,348
497	杉杉控股有限公司	1,428,080
498	天津纺织集团(控股)有限公司	1,423,337
499	浙江龙盛控股有限公司	1,421,638
500	福田雷沃国际重工股份有限公司	1,419,873

자료출처: 中国新闻网3)

3) http://www.chinanews.com/cj/2011/09-03/3304464.shtml.

제2부

중국기업의
공장입지 선정

(제2부의 제2~4장은 장동철(2010)의 강원대학교 박사학위 논문 "공장입지 선정에 관한 비교연구: 한국과 중국기업 사례를 중심으로"의 내용을 참조하여 작성하였다.)

공장입지론 및 입지선정 요인

제1절 공장입지론

　공장입지 결정은 기업의 장기발전 기획에 매우 중요한 역할을 한다. 공장입지의 결정으로 인한 투자, 생산 및 마케팅에 이르기까지 사업의 성과에 미치는 영향은 장기간 지속되기 때문에 합리적인 의사결정이 매우 중요하다. 이순룡(2004)에 따르면 "제품이나 서비스를 고객이 원하는 장소와 시간에 맞추어 경제적으로 제공하려면, 밖으로는 공장·창고·판매망을 연결하는 유통체계와 안으로는 공정설계·시설입지·시설배치 등의 시설결정(facility decision)이 시스템적 차원에서 이루어져야 한다. 특히 시설입지는 생산 내지 사업의 성과에 미치는 영향이 장기간 지속되므로, 시장·노동력·원자재·수송 등 입지관련 요인과의 관계를 중심으로 전략적인 관점에서 신중하게 결정하여야 한다"라고 하였다.

　김용범·이봉수·류지철(2002)은 "어떤 장소에 공장을 지어야 기업의 이윤이 최대가 될 것인가를 고려하여 최적의 장소를 선택하는 이치를 연구하는 것이 공업입지론이다"라고 하였다. 공장의 입지를 결정하는 요인은 여러 학자들이 연구를 해왔다.

특히 베버나 레쉬의 입지론이 현대 공업입지에 커다란 영향을 미치고 있다. 고전적인 입지론은 튀넨(J. H. Von Thünen, 1783~1850) 및 베버(A. Weber, 1868~1958)에 의하여 확립되었다(유창형, 1982). 그린허트(M. L. Greenhut)는 입지론의 계보(系譜)를 최소비용 입지론, 입지 상호의존 관계론, 최대소득(이익) 입지론으로 구분하였는데 이와 같은 유형의 대표적인 논자들은 다음 <그림 1>과 같다(宮坂正治, 1971).

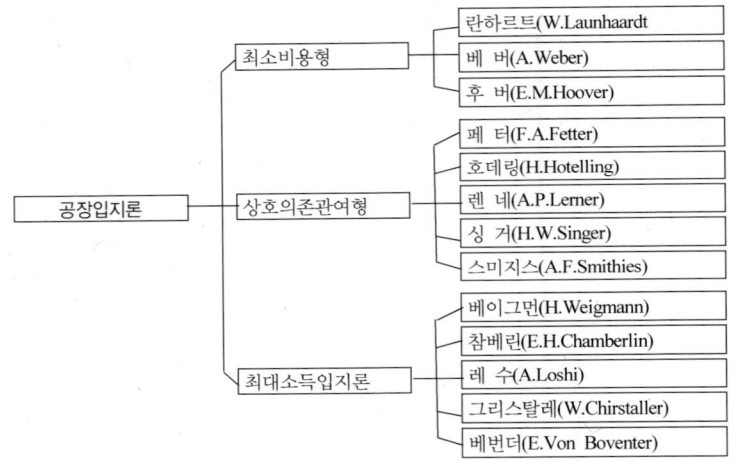

〈그림 1〉 공장입지론 계보(系譜)[4]

최소비용론은 생산제품의 수요는 어디서나 동일하나 생산비용이 지점마다 다르다는 가정하에서 결국 생산비용이 최소가 되는 지점이 바로 공장의 최적입지가 된다는 논리이다.

공장입지에 관한 이론을 처음으로 체계화한 독일의 경제학자 베버는 최소비용론에 입각하여 공업입지론을 전개하였다. 즉, 생산비가 최소일

---

4) 자료: 宮坂正治(1971), 工業立地論, p.4.

때 기업의 이윤이 최대가 된다는 논리하에 최소비용으로 제품을 생산할 수 있는 장소를 최적입지 장소로 보았다. 베버는 모든 생산요소에 대한 비용이 지역 간에 차이가 없을 때, 총 운송비가 최소인 지점이 공장입지로 결정되기 때문에 운송비를 공장입지 결정에서 가장 중요한 요인으로 보았다.

유창형(1982)은 "베버의 이론은 시장의 수요를 고려하지 않고 생산비만을 분석대상으로 한 점과 운송비가 거리에 정비례한다고 본 점 등이 현실과 거리가 있으나, 최초로 공업입지론 이론을 체계화하였으며 최적입지를 규명하기 위한 그의 접근방식이나 그가 도입한 개념들은 오늘날 공업의 지역적 패턴을 이해하는 데 많은 도움을 주고 있는 것으로 높이 평가되고 있다"라고 하였다.

상호의존 관계형의 대표자 페터(F. A. Fetter) 및 호데링(H. Hottelling)의 이론은 베버의 이론에서 진전(進展)한 것이다(유창형, 1982). 그들의 논리에 의하면 구매는 지역에서 이루어지기 때문에 인도가격(引度價格)은 입지와 동시에 변화된다는 것이다. 즉 모든 구매의 입지는 소비자의 수에 의해 결정되며 최대이익을 발생시키는 가격으로 최대의 구매를 통제하는 시도는 결국 시장영역이란 논리이다. 페터 및 호데링의 이론은 기업의 시장영역은 산업의 수요곡선 형태, 한계비용곡선의 형태, 공업입지의 운임률(運賃率)에 의하여 결정된다고 생각하였다(유창형, 1982).

이순룡(2004)은 입지결정의 유형을 시스템(시설이나 공장)의 신설·확장·이전의 여부에 따라 신설입지, 확장입지, 이전입지로 분류하고, 시설입지가 지향하는 생산시스템의 구성요소(투입·공정·산출)에 따라 투입자원지향 입지, 공정(장치)지향 입지, 시장(고객)지향 입지로 분류하였다. 제조공장의 입지인가, 서비스시스템의 입지인가에 따라 공장입지, 서비스시설입지로 분류하고, 입지결정대상(시설)의 수에 따라 단일시설의 입지, 복수시설의 입지로 분류하였다. 그리고 입지하려는 지역이 국내인가, 국외인가에 따라 국내입지와 해외(국외)입지로 분류할 수 있다고 하였다.

최대소득 입지이론의 대표자는 레쉬, 그리스탄데, 베번다, 참베린, 베이그먼 등이다(宮坂正治, 1971). 최대수익론은 생산비용은 어디서나 동일하나 수요가 다르다는 전제하에 결국 최대의 수익을 올릴 수 있는 곳이 공업의 최적입지가 된다는 논리다. 레쉬는 수요를 핵심적 변수로 하여 입지이론을 전개시킨 최초의 경제학자로 최소비용 이론을 부정하고 총소득이 최대가 되는 지점, 즉 수요를 최대로 하는 지점이 이윤을 극대화시키는 최적지점이 된다고 주장하였다. 그는 비용뿐만 아니라 수요도 지역에 따라 크게 차이가 나고 있기 때문에 수요의 공간상의 변이를 고려하지 않은 채 선정된 최소비용 지점은 무의미하다고 보았다. 그러나 레쉬의 이론은 상당히 추상적이고 그의 가정도 현실세계와는 상당히 다르기 때문에 현실세계의 입지패턴을 설명하는 데는 많은 제한점을 갖고 있다(유창형, 1982).

제2절 입지선정 요인

공장입지 선정문제는 경영자가 고려해야 할 다수의 기준들이 과학적으로 적용된 분석·연구가 필요한 특성을 갖고 있는데, 기업의 공장입지 선정에 관한 연구는 기업환경, 생산환경, 투자수익 등 다양한 측면에서 연구가 진행되어 왔다. 김응섭과 신재영(2006)은 전문가와 관련업체들의 설문조사를 통하여 입지선정에 필요한 요인들을 도출하여 계층적 분석과정으로 모형화하였다.

김용범·이봉수·류지철(2002)은 "공업입지의 요인을 결정하는 데 있어서 일반적으로 모든 학자가 주장하는 3가지 요인은 크게 자연적 조건, 경제적 조건 및 사회적 조건으로 구분되며 공업의 종류에 따라 다소 차이가 있다"라고 하였다. 자연적 조건에는 기후, 지형, 지질, 용수, 지리적 위치 등이 있고 경제적 조건에는 교통, 노동력, 토지가격, 원료 등이 있다. 그리고 사회적 조건에는 정책, 관계법규, 세제, 지역사회의 특성, 환경문제 등이 있다.

한편 나상균과 이준수(2007)는 입지선정을 위한 요소(attribute)를 산출하기 위하여 이전대상 업체의 중역들과 이전대상 전문지원 기관을 상대로 브레인스토밍(brain storming) 방식의 설문지를 배포하여 생산입지 결정을 위한 요인을 도출하였다. 정리된 자료를 보면 항만, 공항, 철도역 등 물류 및 교통 편리성, 저렴한 분양가 및 임대료, 지역연고, 우호적인 지역환경(교육, 주거포함), 연관산업 밀집, 판매시장 및 협력업체 근접성, 원자재 조달의 용이성, 노동력 확보의 용이성, 보조금 및 세제지원, 물류지원(공동물류센터, 창고 등), 기술지원(산학협동, 기술지원 센터 등), 기반시설(용수, 전력, 폐기물 처리 등) 사용용이, 기술 및 경영정보 취득용이, 행정편의, 투자이익, 쾌적한 환경 등으로 구성되어 있다.

Davidson(1980)은 180여 개에 달하는 미국 다국적 기업들의 투자입지 선택 관련 의사결정을 분석하였다. 분석결과 미국계 다국적 기업들이 시장규모가 큰 국가, 지리적으로 인접하거나 경제·문화적 조건이 유사한 국가, 이미 진출해본 경험이 있는 국가들을 선호한다는 사실을 발견하였다.

미국기업이 국내에서 새로운 공장을 설립하기 위하여 주로 고려하는 입지선정 요인을 분석한 Carlton(1983)은 "미국기업들은 고용의 밀집도, 기술전문 인력, 에너지 비용 등을 중요하게 고려한다"라고 하였다. Swamidass(1990)는 미국에 투자한 외국기업들이 공장설립을 위하여 특정 주(州)를 선택할 경우 어떠한 요소들을 주로 고려하는가를 분석하였다.

분석결과에 의하면 각 주(州)의 시장규모가 절대적으로 중요한 요소인 반면 노동비용이나 실업률 등과 같은 노동관련 변수들은 별다른 설명력을 갖지 못하는 것으로 나타났다.

홍성훈(1999)은 입지선정 결정요인을 지리적 규모, 소비시장(시장규모, 평균구매력, 시장성장률, 시장밀집도), 투입요소시장(제조업 수준, 수입성향, 외국인 투자수준), 노동시장(노동비용, 노동가용성, 노동생산성), 기타변수(기술수준, 금융비용, 세율, 물류효율성)로 고려하였다. 이주태(2001)는 입지선정 요인을 EU 통합, EURO의 시너지효과, 제품 및 생산기술의 경쟁력, 현지국 환경, 현지화를 고려하였다.

Plaut · Pluta(1983)는 기업들이 1967~1977년의 기간 동안 미국의 48주의 제조활동 수준이 어떠한 입지적 요인들에 의하여 영향을 받았는가를 분석하였다. 각 주의 실질부가가치의 변동, 고용량 변동, 실질자본량 변동 등의 세 가지를 종속변수로 고려하였다. 시장접근성, 생산요소의 가격과 획득가능성, 기후, 그리고 사업 분위기(business climate)와 지방정부의 조세정책 등 4가지 부류의 변수들을 설명변수(Explanatory Variable)로 고려하였다.

Kittiprapas · McCann(1999)의 연구에서는 지역특성뿐만 아니라 개별기업의 특성까지도 고려하였는데, 이들은 태국 내 4개 지역에 투자한 156개 다국적 전자업체의 설립패턴에 관한 분석을 통해, 임금수준과 파트너의 소유권 비율, 그리고 현지 집적 정도 등이 입지선택에 영향을 미치는 것을 확인하였다.

Bartik(1985)의 실증분석결과에 의하면 높은 노조가입율과 지방정부의 높은 세율은 부정적인 영향을 미치며 양질의 공공서비스는 새로운 공장을 유치하는 데에 긍정적인 영향을 미치는 것으로 나타났다.

Schmenner 등(1987)은 미국 500개의 공장에 대한 입지선정 행위를 의사결정의 단계별로 고찰하였는데 기업들이 해외입지를 선정할 경우에는 장기적 수익성을 고려한다는 사실을 확인하였다. 그의 분석결과에 의하면 노조활동, 기후, 인구밀도, 공장 건설비용 등은 유의한 영향을 미치는 것을 확인하였지만 노동비용, 현지주민의 교육수준, 지방정부의 복지비 지출, 에너지 비용 등은 일관된 결과를 나타내는 데에 실패하였다.

Coughlin 등(1991)은 1981년부터 1983년 사이에 미국에 투자한 736개의 외국기업들이 입지선정을 할 때 1인당 소득, 제조기업의 밀집도, 실업률 등이 외국기업의 투자유치에 긍정적인 영향을 미치는 것을 확인하였다.

기업의 입지환경 요인으로 이관률(1997)은 저렴한 지가, 풍부한 노동력, 교통수단과의 연계성, 정부정책(금융상, 세제상 혜택) 요인 등을 제시하였다. 이성근 등(2003)은 입지환경 요인을 입지적 기반 측면과 제도적 기반 측면으로 구분하여 제시하였고, 박용규(2004)는 고급인력 활용 여부, 경영 및 기술, 정보, 연구기반 등의 요인을 제시하였다.

Cheng·Kwan(2000)은 1985년부터 1995년까지의 기간 동안 29개 중국 성·시·자치구에 투자한 외국기업의 투자결정 요인에 관해 분석하였다. 분석결과 시장규모가 크고, 양호한 사회 하부구조를 갖추고 있으며, 외국기업에 우호적인 정책을 펴는 지역을 투자대상 지역으로 선호하는 것을 확인하였다.

Wu·Strange(2000)는 1992년부터 1996년까지의 기간을 대상으로 중국 내 6개 주요 시에서 활동한 11개국의 138개 외국계 보험회사의 투자 입지 선택에 관해 조건부 로짓모델로 분석한 결과, 활동면허를 수여하는 규제당국과의 근접성 요인이 주요입지 결정요인으로 작용함을 확인하였다. 또한 시장규모 요인과 외국인 투자기업의 집적수준이 주요입지

결정요인으로 작용함을 확인하였다.

제3절 공장입지 선정 의사결정 및 평가기법

공장입지 선정의 문제는 많은 요인들을 고려하여 합리적으로 결정하여야 할 중요한 과제이다. 다수의 요인들을 합리적으로 고려는 의사결정 방법으로 목표계획법(GP: goal programming), 계층분석과정(AHP: analytic hierarchy process) 및 ANP(analytic network process)를 비롯하여 여러 가지 방법이 있다. 널리 알려진 목표계획법은 경영자가 각 요인별 또는 관련요인들 간의 관련성에 의해서 만들어 질 수 있는 각각의 목표들에 대한 구체적인 목표치를 갖고 있는 경우에 적합한 접근방법이라 할 수 있다.

하지만 공장입지 선정의 특성을 감안할 때, 다기준 의사결정 방법들 가운데 목표계획법은 경영인들이 구체적인 이윤·비용 관련 구체적인 목표를 갖는 경우가 아니면 비교연구를 하기에는 적절하지 않다고 볼 수 있다. 윤민석 등(1999)에 따르면, AHP 방법과 유사성이 있는 ANP 방법은 목표, 기준 그리고 대안 상호 간의 종속성이나 피드백을 포함하는 네트워크 구조의 의사결정 시스템이다. AHP 방법과 ANP 방법의 차이를 살펴보면, AHP는 각 변수들 간의 독립성을 가정하고 전문가들의 주관적 판단을 객관화시키는 최적해를 구하는 기법이다.

따라서 대표적인 다기준 의사결정 방법들의 특성을 고려할 때, AHP 기법의 특성과 이용상의 특징이 공장입지 선정에 제일 잘 부합되는 것으로 판단된다.

1. AHP 기법

AHP 기법의 큰 특징은 문제의 구조가 계층적으로 분할된다는 점과 우선순위 산출이 대상의 이원비교를 통하여 이루어진다는 점이다. 여기에는 소수의 관련분야 전문가의 견해에 대한 분석만으로도 문제해결에 합리적인 최적해를 구할 수 있다는 장점이 있다.

AHP는 의사결정 과정을 목표에 따라 체계화시키고 각 목표 또는 의사결정 기준 간 가중치를 구하기 위한 방법으로 활용되어 왔다(임호순 등, 1999). Harker(1989)는 AHP를 "다수가 참여하는 의사결정 문제에 있어서 사용될 수 있는 중요한 의사결정 지원방법론이며 정성적, 정량적인 요소에 대해 전문가들의 지식을 활용하여 경쟁이 되는 요소의 가중치 또는 중요도를 구하는 데 유용하게 응용될 수 있다"라고 정의하였다.

AHP 분석과정은 비교대상 간의 이원비교로 구성된 행렬(pairwise comparison matrix)과 이에 대응되는 고유벡터가 이론적 근간을 이룬다. 비교할 요소의 수가 n개이고 각 요소들의 중요도 벡터를 $W^T = \{w_1, w_2, ..., w_n\}$ 라 할 때, 각 요소들의 중요도를 둘씩 짝지어 이원비교하여 다음과 같은 행렬 A 형태로 표현한다.

$$A = \begin{bmatrix} w_1/w_1 & w_1/w_2 & \cdots & w_1/w_n \\ w_2/w_1 & w_2/w_2 & \cdots & w_2/w_n \\ \vdots & \vdots & & \vdots \\ w_n/w_1 & w_n/w_2 & \cdots & w_n/w_n \end{bmatrix} \qquad \text{식 (1)}$$

행렬 A에서 w_i/w_j는 j번째 열을 나타내는 요소의 중요도에 대한 i번째 행을 나타내는 요소의 상대적 중요도를 의미하게 된다. 행렬 A에 열

벡터 W를 곱하면 이는 선형대수(linear algebra)에서 흔히 볼 수 있는 고유방정식의 형태가 된다.

일반적으로 n차원 행렬 A에 대한 고유방정식을 풀면 n개의 고유치(eigenvalue)를 얻게 된다. 이때 최대고유치를 λ_{max}라 하면 $\lambda_{max} \geq n$이 되며 다음과 같은 고유방정식이 성립된다.

$$A \cdot W = \lambda_{max} \cdot W \qquad \text{또는} \qquad (A - \lambda_{max} I) W = \varnothing \qquad \text{식 (2)}$$

고유방정식으로부터 λ_{max} 및 W를 구하려면, 행렬식 $|A - \lambda I| = 0$으로 놓고 λ값을 구한 후 가장 큰 값(λ_{max})에 대응되는 W를 찾으면 된다. 만약 $\lambda_{max} = n$이면 나머지 n-1개의 고유치는 모두 0이 된다. 여기서 구한 W벡터가 이원비교 행렬 A로부터 얻어지는 중요도 벡터가 되며 중요도의 합을 1로 정규화하면 유일해(unique solution)가 된다.

복수의 평가자가 참여하는 경우 대푯값으로 기하평균을 이용한다. 이는 기하평균들로 구성된 이원비교 행렬만이 역수행렬 조건을 만족하기 때문이다. 즉,

$$1 \left/ \left(\prod_{m=1}^{M} a_m \right)^{1/M} \right. = \left(\prod_{m=1}^{M} 1/a_m \right)^{1/M} \qquad \text{식 (3)}$$

여기에서 a_m은 개별치이며 M은 평가자의 수이다.

2. AHP 기법의 일관성과 일치성

행렬 A에 일관성이 존재하기 위한 필요충분조건은 위 식의 고유방정식에서 $\lambda_{max} = n$의 관계가 성립되어야 한다. 행렬 A에 일관성이 결여

될수록 λ_{max}는 n보다 커지게 된다. 따라서 결여된 일관성 정도는 $\lambda_{max} - n$의 값을 이용한 일관성지수(CI: Consistency Index) 및 일관성비율(CR: Consistency Ratio)로 다음과 같이 표현된다.

$$CI = (\lambda_{max} - n)/(n-1), \qquad CR = CI/RI \qquad \text{식 (4)}$$

이때 RI는 무작위지수(Random Index)로 동일한 차원의 일관성지수들의 평균이다. CR이 10% 이하이면 바람직한 수준으로 받아들여지며 20%까지는 허용할 만한 수준으로 간주된다(Saaty, 1996).

계층적 분화에 따라 수행된 전체 이원비교의 일관성 정도의 여부는 계층 일관성비율(CRH: Consistency Ratio Hierarchy)을 산출하여 결정한다. CRH는 비교요소들이 속한 차상위 요소그룹의 중요도가 고려된 계층 일관성지수(CIH: Consistency Index Hierarchy)와 계층 무작위지수(RIH: Random Index Hierarchy)를 이용하여 다음과 같이 구한다(Saaty, 1980).

$$CRH = CIH/RIH \qquad \text{식 (5)}$$

$$CIH = \sum_{h=0}^{H-1} \sum_{i=0}^{n_h} \omega_i^{(h)} CI_i^{(h)} \qquad\qquad RIH = \sum_{h=0}^{H-1} \sum_{i=0}^{n_h} \omega_i^{(h)} RI_i^{(h)}$$

여기서 $CI_i^{(h)}$와 $RI_i^{(h)}$는 각각 h번째 계층수준의 i번째 요소에 속하는 차하위 요소들의 비교에서 산출된 일관성지수와 무작위지수이며 $w_i^{(h)}$는 h번째 계층수준의 i번째 요소의 중요도이다.

평가자 간 우선순위 벡터 차이의 검정은 일치성지수(SI: Compatibility [Similarity] Index)(Saaty, 1996)를 이용할 수 있으며 지수의 유도는 두 행렬의 비교로부터 비롯된다. n 차원의 두 역수행렬 $A = (a_{ij})$와 $B = (b_{ij})$

에 대하여 일치성지수는 다음과 같이 정의된다.

$$SI_{AB} = n^{-2} \cdot e^T A \odot B^T e \qquad \text{식 (6)}$$

여기서 $\odot$는 Hadamard 곱으로 $A \odot B^T = (a_{ij} \cdot b_{ji})_{n \times n}$, $e^T = (1,1,\cdots,1)$

만약 두 행렬이 완전히 일치한다면 $A \odot B^T$ 행렬의 모든 요소가 1이 되고 $e^T A \odot B^T e = n^2$ 으로 되어 결과적으로 두 행렬 간 SI의 값은 1이 된다. 두 역수행렬의 일치 정도가 적을수록 SI의 값은 1에서부터 점점 커지게 된다. 두 행렬의 일치 정도는 각 행렬로부터 얻어지는 고유벡터의 일치 정도를 나타내게 된다.

일치성의 판단은 행렬 A와 이 행렬의 λ_{max} 에 대응되는 고유벡터 요소들 간 이원비교로 이루어진 행렬 W의 비교로부터 이루어진다. 두 행렬 A와 W 사이에 일치성지수 $SI_{AW} = \lambda_{max}/n$ 를 이용하면 일치성지수는 λ_{max}를 매개로 일관성지수(CI)에 대응된다. 따라서 허용될 만한 비일관성 수준으로부터 허용될 만한 불일치성 수준을 결정할 수 있다(Saaty, 1996, pp.58~65). 일관성지수(CI: Consistency Index)와 일치성지수(SI: Similarity Index)의 관계는 다음 <표 3>과 같다.

<표 3> 일관성지수(CI)와 일치성지수(SI)의 관계

Size (n)	CR	RI	CI	λ_{max}	SI
3	0.10	0.52	0.052	3.104	1.035
4	0.10	0.89	0.089	4.267	1.067
5	0.10	1.11	0.111	5.444	1.089
6	0.10	1.25	0.125	6.625	1.104
7	0.10	1.35	0.135	7.810	1.116
8	0.10	1.40	0.140	8.980	1.123
9	0.10	1.45	0.145	10.160	1.129

자료: Saaty(1996)

위 <표 3>에서 알 수 있듯이 평가요인이 3개로 구성된 두 행렬의 SI 값이 불일치성 수준인 1.035보다 크면 두 행렬 간 유의한 차이가 있는 것으로 판단된다. 반대로 SI 값이 불일치성 수준인 1.035보다 작으면 두 행렬 간 유의한 차이가 없는 것으로 판단한다.

제4절 공장입지 선정 평가항목

김성희 등(1999)은 "AHP는 공통의 목적 혹은 기준에 대하여 각 요소들의 이원비교를 통하여 의사 결정함으로써 합리적인 비교의 패러다임을 제공하고 복잡한 문제를 계층화하여 주요인과 세부요인으로 나누는 계층과정(hierarchy process)이 매우 중요하다"라고 하였다.

AHP 접근방법의 특성상, 일반적인 통계에서 요구되는 표본의 수에 제약을 받지 않는 반면에 설문의 목적에 적합한 전문가를 대상으로 조사를 실시하는 것이 매우 중요하다(권철신·조근태, 2001; 홍순욱·권철신, 2000; 김대기·권오경, 2003). 본 사례연구에서는 AHP 모형의 설계를 위해 중국의 상해시 지역 기업인 2명, 심양시 지역의 교수 1명 및 기업인 1명과 중국의 해외기업유치 담당공무원 2명(즉, 상해시 및 심양시 각 1명)을 대상으로 진행한 면접조사로부터 평가항목을 도출하고 이를 기반으로 AHP 계층을 정의하였다.

주 기준으로 기업정착 요인, 기업환경 요인과 생산·운영 요인으로 정의하였다. 기업정착 요인 세부기준은 공장 설립비, 정책적 지원으로 정의하였고, 기업환경 요인의 세부기준으로 물류의 편의성, 저렴한 토지임대료, 판매시장 근접성, 협력업체 근접성, 기반시설로 정의하였다. 생산·운영 요인의 세부기준은 원재료 조달, 노동력 확보, 임금수준, 자본조달, 지식기반으로 정의하였다. 본 연구의 공장입지 선정 요인의 계층구성을 정리하면 다음 <표 4>와 같다.

〈표 4〉 평가항목 및 조작적 정의

주 기준	세부기준	평가지표 / 조작적 정의
기업정착 요인	공장 설립비 정책적 지원	공장건설, 원자재, 장비, 건설인건비 등 조세감면, 금융지원, 직접지원, 인허가 편의성 등
기업환경 요인	물류의 편의성 토지임대료 판매시장 근접성 협력업체 근접성 기반시설	공동물류센터, 창고 등 토지임대료 혹은 용지비(用地費) 고객 혹은 도매업체 등 판매시장과 가까운 분산입지 기술지원, 경영정보를 제공할 수 있는 협력업체 교통, 통신, 수도, 전력, 가스 등
생산·운영 요인	원재료 조달 노동력 확보 임금수준 자본조달 지식기반	원재료의 공급원천 잠재노동력, 즉 필요 노동력 확보문제 노동생산성 대비 임금수준 기업경영에 필요한 자본획득 인근 대학교·연구소 등으로부터 기술·정보 관련 자문을 받을 수 있는 여건

이러한 평가항목을 토대로 AHP 계층을 구성·정의하면 다음 <그림 2>와 같다.

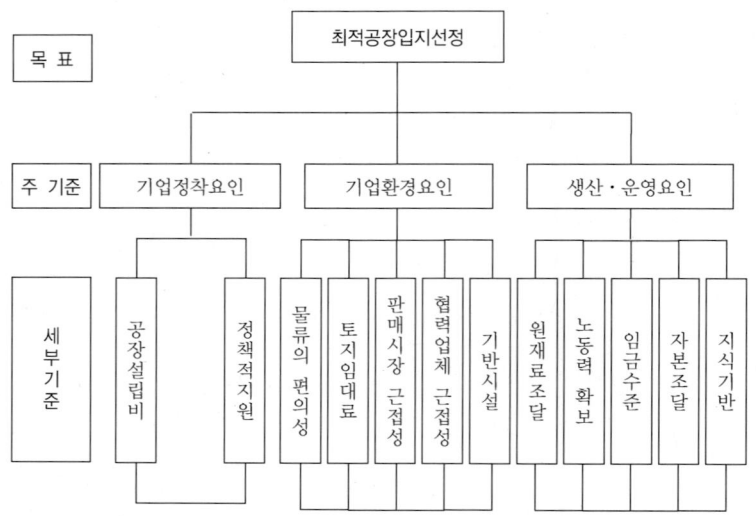

〈그림 2〉 공장입지 선정관련 다기준 구성요인들의 관련도

중국의 투자 및 기업경영 환경

제1절 투자환경

중국은 1978년부터 개혁개방 정책을 추진하기 시작한 이래 연평균 9%대 이상의 높은 경제성장을 실현하고 있다. 그러므로 중국의 급격한 경제성장은 21세기 세계경제에서 가장 주목을 받고 있다(박태성·김희준, 2008).

중국신문사(中國新聞社)의 2001년 중국 100대 상장기업에 대한 경쟁력 분석 결과 상해(上海)시, 북경(北京)시, 강소(江蘇), 광동(廣東), 절강(浙江) 등 도시지역에 밀집되어 있는 것으로 나타났다. 서남·서북과 같은 기타지역은 경쟁력이 강한 기업이 적고, 업종이 지역적으로 분산되어 있었으며 제조업에 국한되어 있는 것으로 나타났다(陳継運, 2007).

박태성과 김희준(2008)은 "중국은 유통구조의 복잡성, 관계를 중시하는 상관습, 시간을 자기편으로 만들 수 있는 전략 등으로 비즈니스를 통해 이익을 추구하기가 용이한 시장이 아니다. 향후 중국시장에 진출하고자 하는 한국기업들은 서두르지 않고 여유를 가진 상태에서 대중국투자를 위한 다양한 요소들을 철저하게 검토한 후, 분명한 가능성을 살펴보아야 할 것이다"라고 하였다.

강영삼(2008)은 기술이전의 주요한 수단이 되는 외국기업과의 합작기업을 보유한 기업들의 수는 지속적으로 증가하고 있는데, 그것은 합작기업과 R&D 센터를 동시에 보유하는 기업들의 수적 증가로부터 기인한 것이라 하였다.

R&D 센터를 보유한 상장기업들의 수는 시간이 지남에 따라 증가하고 있는데, 합작기업의 경우와 달리 합작기업 및 R&D 센터를 동시에 보유하는 상장기업뿐만 아니라 R&D 센터만 갖는 상장기업에서도 수적인 증가가 나타나고 있다 하였다. 또한 R&D 센터를 보유한 기업들은 R&D 센터를 보유하지 않은 기업들에 비해 재무성과 및 시장성과가 좋은 것으로 나타났는데, 이는 합작기업을 보유하고 있는 상장기업의 경우와는 다른 결과로 중국기업의 자체적인 R&D 활동이 중요하다는 점을 뒷받침하는 증거라고 하였다.

제2절 중국의 기업경영 환경

1. 상해시

중국대륙 해안선 중부의 장강입구에 위치한 상해시는 2,000만 명이 넘는 인구를 가진 중국 최대공업기지, 제일 큰 외국무역항구, 중국에서 제일 큰 상업도시로 전체면적 7,037.50㎢ 중 토지면적 6,340.5㎢, 수역(水域)면적 697㎢, 도시구역 면적은 2,648.6㎢, 도시건설 면적은 860.2㎢이다(中華人民共和國國家統計局). 2008년 상해시 총생산액 13,698.15억 위안으로 전년대비 9.7% 성장을 이루었다. 인당 GDP는 73,124위안(중국화폐)이다.[5]

---

5) 자료: http://baike.baidu.com/view/1735.htm.

제3차 산업은 상해시 경제에서 일정한 비율을 점하는데 주요하게 금융업, 부동산업, 보험업 및 운수(運輸)업 등이 있다. 글로벌 500기업 중 일부기업들이 상해시에 중국본부, 지사와 사무처를 설립하였다. 상해시 공업은 주요하게 방직공업, 중공업, 야금(冶金), 석유화학공업, 기계, 전자공업, 자동차, 항공(航空), 우주비행사업 등이 있다. 장강고과(長江高科)에는 많은 첨단제조업이 밀집되어 있다. 농업은 전체 경제에 점하는 비율이 비교적 낮은 대략 1.7%를 점한다.

토지 및 인건비의 상승과 시정부의 경제정책 지향 등 원인으로 현재 방직업, 오염이 심한 업종 등 등급이 낮은 제조업과 노동밀집형 산업은 점차 도시외곽으로 이전하거나 폐업시켜, 미전자(微電子) 산업기지, 자동차 산업기지, 최고급(精品) 철강기지, 석유화학공업 및 정밀화학 공업기지, 조선산업 기지를 중심으로 하는 상해시 산업구조는 점차 자신의 핵심경쟁력을 공고히 하고 있다.

상해시의 푸둥(浦東) 국제공항, 시내버스 노선, 차량 등의 승객수송량은 중국에서 첫 번째이다. 현재 상해시는 철도, 수로, 공로(公路), 항공, 수송관로로 조성되어 상당한 규모의 종합교통운수 네트워크를 구성하고 있다. 상해시는 홍차오(虹橋) 국제공항과 푸둥(浦東) 국제공항 두 공항이 있다. 2007년 상해시 항구의 화물 물동량은 5.6억 톤으로 세계에서 화물 물동량이 제일 큰 항구이며 2007년 컨테이너 물동량은 2,615만 표준컨테이너로 세계에서 싱가포르 다음으로 두 번째로 큰 컨테이너 항구이다.

상해시에는 100여 개의 연구기구, 10여만 명의 연구원 및 100여 개의 전문기술 훈련기구가 있다. 2006년 상해시에서 연구 및 발전(R&D)에 상해시 생산총액의 2.5%에 이르는 257.8억 위안(중국화폐)을 투입하였다. 상해시에는 중국과학원 원사 97명, 중국공정원6) 원사 69명이 있다.

상해시에는 단과대학과 종합대학 60개와 독립학원7) 5개가 있는데 현재 전일제 일반 전문대와 4년제 대학 재학생 46.63만 명이 있다. 4년제 대학 재학생 29.28만 명, 전문대 17.35만 명 있다. 대학원생 교육기구 51개, 1급 학과 박사학위 수여기구 177개, 2급 학과 박사학위 수여기구 702개와 1급 학과 석사학위 수여기구 109개, 2급 학과 석사학위 수여기구 1,562개, 대학원 재학생 8.69만 명 중 박사과정 2.11만 명, 석사과정 6.58만 명이다. 상해시 일반고교(高校)에 유학생 1.41만 명이 있다.

4년제 대학 및 전문대 재학생은 학과별로 공과 재학생이 34.23%로 제일 많고, 다음으로 관리(경영)학과 재학생이 20.23%, 문학(文學) 18.45%, 경제학 9.3%, 이학(理學) 5.66%, 법학 5.21%, 의학 4.30%, 교육학 1.83%, 농학(農學) 0.77%, 역사학 0.17%, 철학 0.12%를 점한다.

경쟁력 있는 국제 대도시화로 매진(邁進)하는, 토지면적이 중국 0.06%, 중국인구의 1% 도시인구를 점하는 상해시는 중국 재정수입의 8분의 1을 점하고, 항구 화물 물동량은 중국의 10분의 1이고, 수출입 총액은 중국의 4분의 1을 점하여 중국경제 건설과 사회발전에 매우 중요한 역할을 한다. 상해시는 미래 글로벌 도시로 발전할 것이라는 제안도 제기되고 있어, 국제 주류(主流) 매체는 심지어 상해시를 "세계에서 경제발전이 제일 빠른 본보기(典范)"라고 표현하였다.

오늘날의 상해시는 중국 중요한 과학기술, 무역, 금융과 정보 중심뿐만 아니라 국제문화 교류와 융합되는 도시이기 때문에 많은 국내외 기업들이 상해시에 입주하려 하지만, 최근 첨단기술을 이용하는 업종이 아니면 상해시 정부로부터 정책적(특별) 지원을 받는 것이 불가할 뿐만

---

6) 중국 공정원(工程院): 공학과학 기술계의 최고학술기구.

7) 독립학원(獨立 學院)은 새로운 메커니즘과 패턴으로 운영하는 4년제 2급 단과대학이다. 예전의 공립대학 메커니즘 패턴과 다른 2급 단과대학. 분교(分校) 혹은 2급 학교와 비슷한 운영기구이다.

아니라 공장건립 인허가 받기도 쉽지 않다고 한다. 그러나 올해 상해시의 디즈니랜드 유치에서 보여주듯이 지역정부 차원에서 해당지역 경제발전과 도시 이미지에 큰 도움이 될 수 있는 기업으로 판단하면 정부의 관련기준에 관계없이 중앙정부 및 지방정부 최고권력자의 결정에 의해 기업유치가 이루어질 뿐만 아니라 일정기간 세금감면 혜택과 각종 수속 절차의 편의도 제공된다.

2. 심양시

심양시는 중국의 전통 공업기지의 하나로 장비, 기계설비 등 제조업이 도시경제의 중추적인 역할을 하여 왔으며, 중국정부 차원에서 공업기반 특히 장비, 기계설비 생산기반 시설이 우수한 공업기지화를 추진하여 왔다.

기초적인 정산에 의하면 2008년 심양시 지역 총생산액은 3860.5억 위안(중국화폐)으로 작년 같은 시기보다 16.3% 증가하였고, 인당 GDP는 약 7,500달러로 중등발달 국가수준에 도달하였다. 예측에 의하면 주민 인당 지배 가능한 수입은 17,290위안(중국화폐)으로 18.4% 증가하였고 농민 인당 순수입은 8,080원으로 18.7% 증가하였다.

심양시는 중국 동북지역에서 제일 큰 중심도시이다. 심양시 총면적은 1.3만k㎡인데 시 구역면적은 3,495k㎡이고 도시건설 면적은 700k㎡로 중국 도시 건설면적이 세 번째로 큰 도시이고, 중국 7대 지역중심 도시이며 동북지역에서 제일 번화한 국제화 대도시이다. 중국에서 제일 중요한 장비제조기지인 심양시는 호적인구가 약 740만 명이고 시 구역인구는 698만 명으로 1,000만 명이 넘는 인구가 심양시 및 주변지역에 생활하고 있다. 미국, 러시아, 북한, 일본, 한국, 프랑스 등 6개 나라는 심양시에 총영사관을 두고 영국은 심양시에 비자발급 사무소를 두고 있다.

자동차 및 부품산업, 장비제조업, 전자정보, 화학공업, 의약 등 산업은 일정한 규모를 이루어 심양시 경제가 빨리 발전하는 데 중요한 역할을 하고 있다.

심양시는 고속도로가 사면팔방으로 통하여 매우 편리하다. 북경, 천진, 장춘, 하얼빈 등 지역은 아침에 출발하면 저녁에 도착할 수 있다. 심양시는 전국에서 제일 큰 철로 교통중추로 5개 간선이 심양시에서 8개 철로지선과 연결되어 중국 각지와 연결되어 있다. 심양시는 국제련운(聯運)이 북한과 러시아로 연결되는 반드시 거쳐야 할 길이기도 하다. 심양시에 있는 도선(桃仙) 공항은 동북에서 제일 큰 공항으로 58개 국내도시와 한국, 일본, 러시아, 태국, 미국, 프랑스, 호주, 홍콩 등 국가와 지역을 연결하고 있어 중국 동북지역의 항공 중추이기도 하다.

2007년까지 단과대학과 종합대학 30개가 있다. 그중 중국자호(中國字号) 대학 2개, 4년제 대학 20개, 전문 직업기술 대학 11개가 있다. 교육수준은 전국 일류인데 해마다 4년제 대학과 전문대 학생 9.4만 명을 모집하고, 재학생이 31.7만 명이고, 4년제 대학과 전문대 졸업생이 7.3만 명이다. 단과대학과 종합대학, 그리고 연구기구에서 해마다 11,529명 대학원생을 모집하고 있고, 대학원 재학생이 33,276명, 졸업한 대학원생이 8,187명 있다.

심양시는 동북아 경제권과 발해 경제권을 중심으로 공업종류가 다양하여 중요한 전략적 지위를 가진다. 심양시를 중심으로 반경 150㎞ 범위에 기초(基礎)공업과 가공공업을 중심으로 하는 8대 도시가 밀집되어 있으며, 구조적으로 산업 상호 보완성이 강하고, 기술 관련성이 높은 요령 중부도시 군(群)을 이루고 있다.

경제 글로벌화로 급격하게 발전하는 요즘, 전면적으로 동북지역의 오

랜 공업기지를 진흥(振興)하는 중요한 전략기회에, 심양시 정부는 2012
년까지 심양시를 중국 장비제조(裝備制造), 동북지역 상업 무역물류와
금융 3대 중심으로 건설하여 요령, 나아가 중국 동북지역에서 전면적으
로 진흥하는 중요한 성장점으로 건설한다는 목표를 확정하였다.

제4장

중국기업의 공장입지 선정사례

제1절 설문의 구성 및 분석절차

1. 설문의 구성

평가기준이 여러 개일 때에는 각각의 상대적 중요도나 비중을 모두 고려하여 단번에 가중치를 정하기 어렵다. 따라서 AHP에서는 평가기준들을 2개씩 뽑아 이원비교를 한다. 이원비교 과정에는 평가기준들에 대한 의사결정자의 선호(Preference) 정도를 먼저 어의적인 표현에 의해 나타내고 이에 상응하는 적정한 수치를 부여하는 수량화 과정이 포함된다. 이를 위해서 AHP에서는 Saaty(1982)가 제안한 9점 척도가 많이 사용되고 있다. AHP에서 사용되는 9점 척도 내용은 다음 <표 5>와 같다.

<표 5> 이원비교를 위한 요소 척도(상대적 중요도의 척도 및 언어적 의미)

척도	정의
1	비슷하게 중요(equal importance)
3	약간 더 중요(slight importance)
5	매우 더 중요(strong importance)
7	확실히 더 중요(absolute importance)
9	절대적으로 더 중요(absolute importance)
2,4,6,8	위에서 정의된 척도들의 중간 척도
위 척도의 역수	두 요소 a, b에 대하여 만약 a/b의 측정값이 K라면 b/a는 1/K이 됨.

자료: Saaty T. L.(1982)

위 <표 5>에서와 같이 AHP 주 기준, 세부기준, 계층모형을 구성하고, 각 기준항목들의 중요도를 산출하기 위해 다음 <표 6>과 같이 설문지를 개발하였다.

설문지는 크게 세 개 부분으로 구성된다.

먼저 주 기준 3개와 세부기준 12개로 총 15개의 평가기준 항목에 대하여 중요성에 대한 이원비교가 이루어지도록 구성하였고, 두 번째 부분은 두 도시(입지선정)의 12개 세부기준에 대하여 점수로 나타내게 하였다. 동일한 기준에 속하는 각각의 평가항목에 대하여 간편하게 이원비교를 할 수 있도록 설문지를 작성하였다.

세 번째 부분은 기업의 기본적인 정보에 관한 설문으로 구성하였다. 이원비교의 하나의 예(例)인 <표 6>에서 볼 수 있는 것처럼, 응답자는 요인 A와 B 간의 상대적 중요도를 의미하는 숫자에 체크표시를 하면 된다.

<표 6> 설문구성(예)

문 항	요인	상대적인 평가점수	요인
1	기업환경요인	9 8 7 6 5 4 3 2 1 2 3 4 5 6 7 8 9	생산·운영 요인
2	물류의 편의성	9 8 7 6 5 4 3 2 1 2 3 4 5 6 7 8 9	저렴한 토지임대료
3	물류의 편의성	9 8 7 6 5 4 3 2 1 2 3 4 5 6 7 8 9	판매시장 근접성

기준척도: 위 이원비교를 위한 요소척도(상대적 중요도의 척도 및 언어적 의미) 참고

2. 분석절차

본 사례의 설문조사 데이터 정리에 관한 구체적인 분석절차는 <그림 3>과 같다.

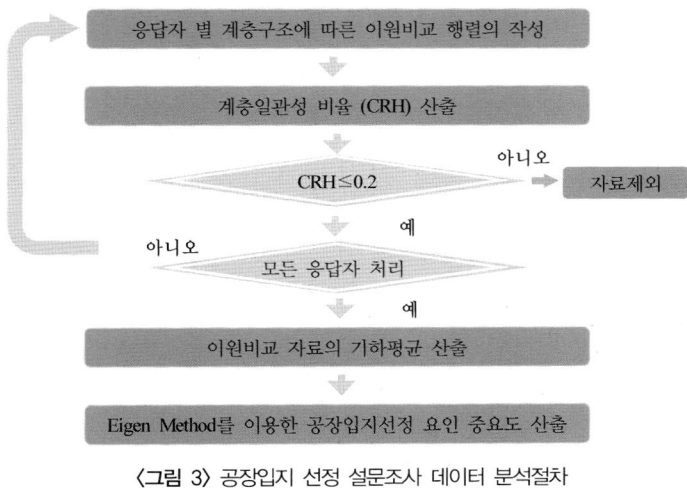

<그림 3> 공장입지 선정 설문조사 데이터 분석절차

이원비교를 통한 요소들의 평가결과를 통합하기 전에 각 의사결정 참여자의 판단에 대한 타당성에 대한 검증이 필요하다. 이러한 논리적 일관성은 특정기준에 대한 비교대상이 3개 이상일 경우 검증이 가능하며, Saaty(1980)에 의하면 일관성비율(CR: consistency ratio)이 0.10보다 작거나 최대 0.20(이정섭, 2005; Saaty · Keams, 1985) 이하의 범위에서 일관성이 유지될 수 있다고 보고 있다. 0.20보다 높으면 응답자(의사결정자)의 판단이 논리적 일관성을 결여하고 있는 것으로 간주하게 된다.

본 사례연구에서는 회수한 설문을 응답자별 계층구조에 따른 이원비교 행렬을 작성하여 계층 일관성비율(CRH: the consistency ratio of the hierarchy)을 산출하였다. 동일한 요소들의 이원비교에 복수의 평가자들이 참여하였기 때문에 이원비교 행렬에 역수관계($a_{ij}=1/a_{ji}$)가 성립하는 AHP 공리에 근거하여 산출된 계층 일관성비율(CRH)이 0.20보다 작거나 같은 자료만으로 기하 평균값을 산출하여 최종분석에 사용하였다.

제2절 공장입지 선정모형의 적용

1. 표본조사

회수된 설문을 <그림 3>에 설명된 절차에 따라 분석한 결과, 일관성 있는 설문이 21부인 것으로 나타났는데, 상해시 10기업, 심양시 6기업, 북경시 등 기타지역 5기업이 조사되었다. 업종별로 보면 전자 5기업, 기계 6기업, 화학, 식품, 금속, 물류 분야 각 1기업, 기타 6기업으로 나타났다. 기업규모별로 보면 5개의 대기업, 16개의 중소기업이 조사되었으며, 해외진출 경험이 있는 4개의 기업과 해외진출 경험이 없는 17개 기업이 조사·분석되었다.

<표 7> 중국기업들의 표본구성

분류	해당기업	기업의 수
지역	상해시	10
	심양시	6
	기타지역	5
	소계	21
업종	전자	5
	기계	6
	화학	1
	식품	1
	금속	1
	물류	1

업종	기타	6
	소계	21
기업규모	대기업	5
	중소기업	16
	소계	21
해외진출경험	해외진출경험(유)	4
	해외진출경험(무)	17
	소계	21

2. 공장입지 선정요인의 중요도

AHP 기법을 이용하여 산출한 주 기준 및 세부기준에 대한 총체적인 차원의 상대적인 중요도는 <표 8>과 같이 분석되었다.

〈표 8〉 공장입지 요인의 중요도

국가	주 기준 중요도: W_1	세부기준	세부기준 중요도: W_2	상해		심양	
				점수 100점 만점	가중점수 점수 × W_1 × W_2	점수 100점 만점	가중점수 점수 × W_1 × W_2
중국	기업정착 요인 0.299	공장 설립비	0.467	69.44	9.72	75.50	10.57
		정책적 지원	0.533	78.53	12.49	74.11	11.78
		합 계	1.00		22.21		22.35
	기업환경 요인 0.397	물류의 편의성	0.236	88.58	8.33	72.38	6.80
		저렴한 토지 임대료	0.187	58.00	4.29	74.48	5.51
		판매시장 근접성	0.209	83.95	6.97	68.81	5.71
		협력업체 근접성	0.129	78.06	3.98	68.75	3.51
		기반시설	0.239	81.32	7.72	69.76	6.63
		합 계	1.00		31.29		28.16
	생산·운영 요인 0.304	원재료 조달	0.233	78.42	5.65	72.62	5.23
		노동력 확보	0.256	73.95	5.77	72.38	5.65
		임금수준	0.159	67.26	3.23	80.71	3.87
		자본조달	0.194	77.95	4.60	69.67	4.11
		지식기반	0.158	80.05	3.75	70.33	3.30
		합 계	1.00		23.00		22.16
총계	1.00				76.50		72.67

분석결과, 공장입지를 선정할 때, 중국기업 경영인들은 기업환경 요인을 기업정착 요인과 생산·운영 요인보다 훨씬 더 중요하게 인식하는 것으로 나타났다. 총체적 차원의 세부요인에 대한 분석결과를 보면, 중국기업 경영인들은 12개의 세부요인들 중 정책적 지원과 공장 설립비를 제일 중요하게 인식하는 것으로 밝혀졌다. 그리고 상해시와 심양시 두 지역에 대한 입지선정 선호지역을 분석한 결과를 보면 공장입지 선정지역으로 상해시를 심양시보다 더 바람직한 것으로 평가하였다.

제3절 기업규모에 따른 입지선정

1. 중국의 대기업과 중소기업 공장입지 선정 주 기준 중요도

〈표 9〉 중국 대기업과 중소기업의 공장입지 선정 주 기준 중요도

주 기준	중요도		CR 값		SI 값
	대기업	중소기업	대기업	중소기업	
기업정착 요인	0.159	0.355			
기업환경 요인	0.502	0.359	0.05	0.01	1.277[*]
생산·운영 요인	0.339	0.286			(1.035)
합 계	1.00	1.00			

* 기업규모 간 유의한 차이를 보임

분석결과, 중국대기업의 경영인들은 기업환경 요인을 제일 중요하게 인식하고 기업정착 요인을 제일 중요하지 않게 인식하는 반면에 중소기업의 경영인들은 기업환경 요인과 기업정착 요인을 제일 중요하게 인식하고 생산·운영 요인을 제일 중요하지 않게 인식하는 등의 차이점이 있는 것으로 밝혀졌다. 주 기준[1단계 요인]에 대한 중국대기업 및 중소기업들의 중요도 인식의 우선순위는 다음과 같다.

대기업: 기업환경 요인(0.502) > 생산·운영 요인(0.339) > 기업정착

요인(0.159)

중소기업: 기업환경 요인(0.359) > 기업정착 요인(0.355) > 생산 · 운영
요인(0.286)

2. 대기업과 중소기업의 공장입지 선정 세부기준 중요도

중국 대기업 경영인들과 중소기업 경영인들의 공장입지 선정 세부기
준[2단계 기준]들 간의 중요도를 분석한 결과, 기업정착 요인 및 기업환
경 요인의 세부기준들에 대한 중요도 인식에는 대기업과 중소기업 경영
인들 간 큰 차이가 없는 것으로 밝혀졌다.

자세히 설명하면, 중소기업의 경영인들은 기업정착 요인의 세부요인
중 공장 설립비를 대기업의 경영인들보다 더 중요하게 인식하고 정책적
지원은 대기업의 경영인들이 중소기업의 경영인들보다 더 중요하게 인
식하는 것으로 나타났다.

〈표 10〉 대기업과 중소기업의 기업정착 요인 중요도

기업정착 요인	중요도		CR 값		SI 값
세부기준	대기업	중소기업	대기업	중소기업	
공장 설립비	0.420	0.482			
정책적 지원	0.580	0.518	-	-	1.016
합 계	1.00	1.00			

기업환경 요인의 세부기준인 물류의 편의성은 중국 대기업의 경영인
들이 중국 중소기업의 경영인들보다 훨씬 더 중요하게 인식하고, 저렴
한 토지임대료, 협력업체 근접성과 기반시설은 중소기업의 경영인들이
대기업의 경영인들보다 조금 더 중요하게 인식하는 것으로 밝혀졌다.

그리고 판매시장 근접성은 대기업의 경영인들이 중소기업의 경영인들보다 조금 더 중요하게 인식하는 것으로 나타났다.

〈표 11〉 대기업과 중소기업의 기업환경 요인 중요도

기업환경 요인	중요도		CR 값		SI 값
세부기준	대기업	중소기업	대기업	중소기업	
물류의 편의성	0.309	0.215			
저렴한 토지임대료	0.147	0.200			
판매시장 근접성	0.237	0.200			
협력업체 근접성	0.106	0.136	0.06	0.02	1.072
기반시설	0.201	0.249			
합 계	1.00	1.00			

생산·운영 요인의 하위 5개 세부요인들의 중요도 인식에서는 대기업의 경영인들이 중소기업의 경영인들보다 자본조달을 훨씬 더 중요하게 인식하고 중소기업의 경영인들은 대기업의 경영인들보다 노동력 확보와 지식기반을 더 중요하게 인식하는 것으로 밝혀졌다. 원재료 조달과 임금수준에 대한 중요도 인식에는 대기업과 중소기업 경영인들 간 큰 차이가 없는 것으로 나타났다.

〈표 12〉 대기업과 중소기업의 생산·운영 요인 중요도

생산·운영 요인	중요도		CR 값		SI 값
세부기준	대기업	중소기업	대기업	중소기업	
원재료 조달	0.221	0.234			
노동력 확보	0.203	0.273			
임금수준	0.153	0.159			1.146[*]
자본조달	0.311	0.163	0.04	0.01	(1.089)
지식기반	0.112	0.171			
합계	1.00	1.00			

* 기업규모 간 유의한 차이를 보임

3. 대기업과 중소기업의 입지선정 요인에 대한 총체적 중요도

AHP 기법을 이용하여 산출한 주 기준 및 세부기준에 대한 총체적인 차원의 상대적인 중요도는 <표 13>과 같이 분석 및 정리된다.

<표 13> 중국의 기업규모별 총체적 차원의 각 요인별 상대적 중요도

기업규모	주 기준 중요도: W_1	세부기준	세부기준 중요도: W_2	상해		심양	
				점수 100점 만점	가중점수 점수 × W_1 × W_2	점수 100점 만점	가중점수 점수 × W_1 × W_2
대기업	기업정착 요인 0.159	공장 설립비	0.420	69.00	4.62	76.00	5.09
		정책적 지원	0.580	73.00	6.72	75.00	6.90
		합 계	1.00		11.34		11.99
	기업환경 요인 0.502	물류의 편의성	0.309	97.00	15.04	88.00	13.64
		저렴한 토지 임대료	0.147	63.00	4.66	69.00	5.11
		판매시장 근접성	0.237	85.00	10.12	72.00	8.57
		협력업체 근접성	0.106	70.00	3.71	64.00	3.39
		기반시설	0.201	85.00	8.58	71.00	7.17
		합 계	1.00		42.11		37.88
	생산·운영 요인 0.339	원재료 조달	0.221	86.00	6.45	82.00	6.15
		노동력 확보	0.203	73.00	5.04	77.00	5.31
		임금수준	0.153	64.00	3.33	78.00	4.06
		자본조달	0.311	84.00	8.82	76.00	7.98
		지식기반	0.112	77.00	2.92	67.00	2.55
		합 계	1.00		26.56		26.05
총계	1.00				80.01		75.92
중소기업	기업정착 요인 0.355	공장 설립비	0.482	69.62	11.98	75.33	12.96
		정책적 지원	0.518	80.83	14.79	73.79	13.50
		합 계	1.00		26.77		26.46
	기업환경 요인 0.359	물류의 편의성	0.215	85.57	6.59	67.50	5.20
		저렴한 토지 임대료	0.200	56.21	4.05	76.19	5.49
		판매시장 근접성	0.200	83.57	6.02	67.81	4.88
		협력업체 근접성	0.136	81.15	3.98	70.33	3.45
		기반시설	0.249	80.00	7.11	69.38	6.17
		합 계	1.00		27.75		25.19

중 소 기 업	생산·운영 요인 0.286	원재료 조달	0.234	75.71	5.07	69.69	4.67
		노동력 확보	0.273	74.29	5.79	70.94	5.53
		임금수준	0.159	68.43	3.08	81.56	3.67
		자본조달	0.163	75.79	3.49	67.69	3.11
		지식기반	0.171	81.14	4.06	71.38	3.58
		합 계	1.00	375.36	21.49	361.26	20.56
총계	1.00				76.01		72.21

공장입지를 선정할 때, 중국 대기업의 경영인들은 물류의 편의성과 판매시장 근접성, 자본조달, 기반시설을 제일 중요하게 인식하고 중소기업의 경영인들은 정책적 지원과 공장 설립비를 제일 중요하게 인식하는 것으로 밝혀졌다.

그리고 중국 대기업의 경영인들은 지식기반을 제일 중요하지 않게 인식하고 중소기업의 경영인들은 임금수준과 자본조달을 제일 중요하지 않게 인식하는 것으로 나타났다.

중국의 대기업과 중소기업 경영인들의 중국 현지의 두 지역에 대한 인식을 분석한 결과를 보면 중국의 대기업 경영인들과 중소기업 경영인들 모두 공장입지 선정지역으로 상해시를 심양시보다 더 바람직한 지역인 것으로 평가하였다.

제4절 해외진출 경험에 따른 입지선정

1. 해외진출 경험에 따른 공장입지 선정 주 기준 중요도

〈표 14〉 해외진출 경험에 따른 공장입지 선정 주 기준 중요도

주 기준	중요도		CR 값		SI 값
	경험(유)	경험(무)	경험(유)	경험(무)	
기업정착 요인	0.141	0.348	0.05	0.02	1.350[*] (1.035)
	0.542	0.359			
생산·운영 요인	0.317	0.293			
합계	1.00	1.00			

* 유의한 차이를 보임

분석결과, 해외진출 경험이 있는 중국기업 경영인들은 기업환경 요인을 제일 중요하게 인식하고 기업정착 요인을 제일 중요하지 않게 인식하는 반면, 해외진출 경험이 없는 중국기업 경영인들은 기업환경 요인과 기업정착 요인을 제일 중요하게 인식하고 생산·운영 요인을 제일 중요하지 않게 인식하는 것으로 밝혀졌다.

주 기준[1단계 요인]에 대한 해외진출 경험에 따른 중국기업 경영인들의 중요도 인식의 우선순위는 다음과 같다.

유: 기업환경 요인(0.542) > 생산·운영 요인(0.317) > 기업정착 요인(0.141)

무: 기업환경 요인(0.359) > 기업정착 요인(0.348) > 생산·운영 요인(0.293)

2. 해외진출 경험유무에 따른 공장입지 선정 세부기준 중요도

해외진출 경험유무에 따른 중국기업 경영인들의 공장입지 선정 세부기준[2단계 기준] 중요도를 분석한 결과, 해외진출 경험에 따른 중국기업 경영인들의 기업정착 요인, 기업환경 요인 및 생산·운영 요인의 세부기준들에 대한 중요도 인식에 뚜렷한 차이가 있는 것으로 밝혀졌다.

즉, 기업정착 요인의 세부요인인 공장 설립비는 해외진출 경험이 있는 중국기업 경영인들이 해외진출 경험이 없는 중국기업 경영인들보다 훨씬 더 중요하게 인식하고 해외진출 경험이 없는 중국기업 경영인들은 해외진출 경험이 있는 중국기업 경영인들보다 정책적 지원을 훨씬 더 중요하게 인식하고 있는 것으로 나타났다.

〈표 15〉 해외진출 경험에 따른 기업정착 요인 중요도

기업정착 요인	중요도		CR 값		SI 값
세부기준	경험(유)	경험(무)	경험(유)	경험(무)	
공장 설립비	0.568	0.444			
정책적 지원	0.432	0.556	-	-	1.065
합 계	1.00	1.00			

기업환경 요인의 세부기준인 물류의 편의성은 해외진출 경험이 없는 중국기업 경영인들이 해외진출 경험이 있는 중국기업 경영인들보다 더 중요하게 인식하고 판매시장 근접성과 기반시설은 해외진출 경험이 있는 중국기업 경영인들이 해외진출 경험이 없는 중국기업 경영인들보다 더 중요하게 인식하는 것으로 나타났다. 해외진출 경험이 없는 중국기업 경영인들은 해외진출 경험이 있는 중국기업 경영인들보다 저렴한 토지임대료를 훨씬 더 중요하게 인식하고, 해외진출 경험이 있는 중국기

업 경영인들은 해외진출 경험이 없는 중국기업 경영인들보다 협력업체 근접성을 훨씬 더 중요하게 인식하는 것으로 밝혀졌다.

〈표 16〉 해외진출 경험에 따른 기업환경 요인 중요도

기업환경 요인	중요도		CR 값		SI 값
세부기준	경험(유)	경험(무)	경험(유)	경험(무)	
물류의 편의성	0.172	0.250	0.02	0.03	1.216* (1.089)
저렴한 토지임대료	0.108	0.211			
판매시장 근접성	0.248	0.198			
협력업체 근접성	0.203	0.114			
기반시설	0.269	0.227			
합계	1.00	1.00			

* 유의한 차이를 보임

생산·운영 요인의 하위 5개 요인들의 중요도 인식에서는 해외진출 경험이 있는 중국기업 경영인들이 해외진출 경험이 없는 중국기업 경영인들보다 원재료 조달을 훨씬 더 중요하게 인식하고 해외진출 경험이 없는 중국기업 경영인들은 해외진출 경험이 있는 중국기업 경영인들보다 지식기반을 더 중요하게 인식하는 것으로 밝혀졌다. 노동력 확보와 임금수준은 해외진출 경험이 없는 중국기업 경영인들이 해외진출 경험이 있는 중국기업 경영인들보다 조금 더 중요하게 인식하는 것으로 나타났다. 자본조달 요인의 중요도 인식에서는 해외진출 경험이 있는 중국기업 경영인들과 해외진출 경험이 없는 중국기업 경영인들 간 큰 차이가 없는 것으로 밝혀졌다.

<表 17> 해외진출 경험에 따른 생산·운영 요인 중요도

생산·운영 요인	중요도		CR 값		SI 값
세부기준	경험(유)	경험(무)	경험(유)	경험(무)	
원재료 조달	0.395	0.205			
노동력 확보	0.211	0.263			
임금수준	0.132	0.162	0.10	0.00	1.212*
자본조달	0.175	0.193			(1.089)
지식기반	0.087	0.177			
합계	1.00	1.00			

* 유의한 차이를 보임

3. 해외진출 경험유무에 따른 공장입지 선정요인들에 대한 중요도 인식

AHP 기법을 이용하여 산출한 주 기준 및 세부기준에 대한 총체적인 차원의 상대적인 중요도는 <표 18>과 같이 정리된다.

<표 18> 해외진출 경험에 따른 총체적 차원의 공장입지 요인인식

해외 진출	주 기준 중요도: W_1	세부기준	세부기준 중요도: W_2	상해		심양	
				점수 100점 만점	가중점수 점수×W_1×W_2	점수 100점 만점	가중점수 점수×W_1×W_2
해외진출경험(유)	기업정착 요인 0.141	공장 설립비	0.568	66.25	5.30	77.50	6.20
		정책적 지원	0.432	73.75	4.50	76.25	4.65
		합계	1.00		9.80		10.85
	기업환경 요인 0.542	물류의 편의성	0.172	91.25	8.49	82.50	7.67
		저렴한 토지 임대료	0.108	61.25	3.55	71.25	4.13
		판매시장 근접성	0.248	76.25	10.29	62.50	8.44
		협력업체 근접성	0.203	70.00	7.70	66.25	7.29
		기반시설	0.269	80.00	11.68	68.75	10.04
		합계	1.00		41.71		37.57
	생산·운영 요인 0.317	원재료 조달	0.395	87.50	10.94	80.00	10.00
		노동력 확보	0.211	71.25	4.77	71.25	4.77
		임금수준	0.132	62.50	2.63	75.00	3.15
		자본조달	0.175	65.00	3.64	60.00	3.36
		지식기반	0.087	68.75	1.85	63.75	1.73
		합계	1.00		23.83		23.01
총계	1.00				75.34		71.43

해외진출경험(무)	기업정착 요인 0.348	공장 설립비	0.444	70.36	10.84	75.00	11.55
		정책적 지원	0.556	80.00	15.52	73.53	14.26
		합계	1.00		26.36		25.81
	기업환경 요인 0.359	물류의 편의성	0.250	87.87	7.91	70.00	6.30
		저렴한 토지 임대료	0.211	57.13	4.34	75.24	5.72
		판매시장 근접성	0.198	86.00	6.11	70.29	4.99
		협력업체 근접성	0.114	80.36	3.29	69.38	2.84
		기반시설	0.227	81.67	6.62	70.00	5.67
		합계	1.00		28.27		25.52
험(무)	생산·운영 요인 0.293	원재료 조달	0.205	76.00	4.56	70.88	4.25
		노동력 확보	0.263	74.67	5.75	72.65	5.59
		임금수준	0.162	68.53	3.22	82.06	3.86
		자본조달	0.193	81.40	4.64	71.94	4.10
		지식기반	0.177	83.07	4.32	71.88	3.74
		합계	1.00		22.49		21.54
총계	1.00				77.12		72.87

공장입지 선정을 고려할 때, 해외진출 경험이 있는 중국기업 경영인들은 기반시설, 판매시장 근접성, 원재료 조달 및 협력업체 근접성을 제일 중요하게 인식하고 지식기반을 제일 중요하지 않게 인식하는 것으로 밝혀졌다.

해외진출 경험이 없는 중국기업 경영인들은 정책적 지원과 공장 설립비를 제일 중요하게 인식하고 협력업체 근접성을 제일 중요하지 않게 인식하는 것으로 나타났다.

총체적 차원의 최종 분석결과를 보면, 해외진출 경험이 있는 중국기업 경영인들과 해외진출 경험이 없는 중국기업 경영인들 모두 공장입지 선정지역으로 상해시를 심양시보다 조금 더 바람직한 것으로 평가하였다.

제5절 업종에 따른 입지선정

1. 전자업종 기업의 공장입지 선정특성

1) 전자업종 기업의 공장입지 선정 주 기준 중요도

〈표 19〉 전자업종 기업의 공장입지 선정 주 기준 중요도

주 기준	중요도	CR 값
기업정착 요인	0.288	
기업환경 요인	0.398	
생산·운영 요인	0.314	0.00
합계	1.00	

분석결과, 중국 전자업종 경영인들은 기업환경 요인을 제일 중요하게 인식하고 기업정착 요인을 제일 중요하지 않게 인식하는 것으로 나타났다. 주 기준[1단계 요인]에 대한 한국 및 중국 전자업종 경영인들의 중요도 인식의 우선순위는 다음과 같다.

기업환경 요인(0.398) > 생산·운영 요인(0.314) > 기업정착 요인(0.288)

2) 전자업종 기업의 공장입지 선정 세부기준 중요도

중국 전자업종 경영인들의 공장입지 선정관련 세부기준[2단계 기준]들 간의 중요도를 분석한 결과, 주 기준의 하나인 기업정착 요인의 세부요인 공장 설립비를 정책적 지원보다 훨씬 더 중요하게 인식하는 것으로 나타났다.

〈표 20〉 전자업종 기업의 기업정착 요인 중요도

기업정착 요인	중요도	CR 값
공장 설립비	0.630	
정책적 지원	0.370	-
합계	1.00	

기업환경 요인의 세부기준에서는 기반시설을 제일 중요하게 인식하고 협력업체 근접성을 기타 세부요인들보다 중요하지 않게 인식하는 것으로 나타났다.

〈표 21〉 전자업종 기업의 기업환경 요인 중요도

기업환경 요인	중요도	CR 값
물류의 편의성	0.222	
저렴한 토지임대료	0.221	
판매시장 근접성	0.170	0.06
협력업체 근접성	0.091	
기반시설	0.296	
합계	1.00	

생산·운영 요인의 세부기준에 대해서 중국 전자업종 경영인들은 노동력 확보를 제일 중요하게 인식하고, 임금수준을 기타 세부요인들보다 상대적으로 중요하지 않게 인식하는 것으로 나타났다. 구체적인 중요도 인식순위는 다음과 같다.

노동력 확보 > 원재료 조달 > 지식기반 > 자본조달 > 임금수준

<표 22> 전자업종 기업의 생산 · 운영 요인 중요도

생산 · 운영 요인	중요도	CR 값
원재료 조달	0.249	
노동력 확보	0.281	
임금수준	0.089	0.00
자본조달	0.160	
지식기반	0.221	
합계	1.00	

3) 전자업종 기업의 공장입지 주 기준 및 세부기준 요인들의 총체적 중요도

AHP 기법을 이용하여 산출한 주 기준 및 세부기준에 대한 총체적인 차원의 상대적인 중요도는 <표 23>과 같이 분석되었다.

<표 23> 전자업종 기업의 총체적 차원의 입지요인 관련 중요도 인식

주 기준 중요도: W₁		세부기준	세부기준 중요도: W₂	상해		심양	
				점수 100점 만점	가중점수 점수 × W₁ × W₂	점수 100점 만점	가중점수 점수 × W₁ × W₂
기업정착 요인 0.288		공장 설립비	0.630	75.00	13.65	80.00	14.56
		정책적 지원	0.370	90.00	9.54	80.75	8.56
		합계	1.00		23.19		23.12
기업환경 요인 0.398		물류의 편의성	0.222	89.60	7.97	70.00	6.23
		저렴한 토지 임대료	0.221	65.40	5.76	75.80	6.67
		판매시장 근접성	0.170	84.00	5.71	66.00	4.49
		협력업체 근접성	0.091	78.75	2.84	66.25	2.39
		기반시설	0.296	77.00	9.01	68.00	7.95
		합계	1.00		31.29		27.73
생산 · 운영 요인 0.314		원재료 조달	0.249	74.00	5.77	66.00	5.15
		노동력 확보	0.281	77.00	6.78	63.00	5.54
		임금수준	0.089	69.60	1.95	88.00	2.46
		자본조달	0.160	90.20	4.51	72.60	3.63
		지식기반	0.221	86.20	6.03	75.40	5.28
		합계	1.00		25.04		22.06
총계	1.00				79.52		72.91

공장입지를 선정할 때, 중국 전자업종 기업의 경영인들은 공장 설립비, 기반시설, 정책적 지원을 제일 중요하게 인식하는 것으로 밝혀졌다. 이것은 중국 전자업종 기업들은 넓은 토지사용 면적을 선호하는 편이고, 제조공정상 기계와 설비 등 기반시설의 투자규모도 대체로 매우 큰 것으로 인식하기 때문에 정책적 지원보다 공장 설립비를 더욱 중요하게 인식하는 것으로 추정된다.

그리고 중국 전자업종 기업의 경영인들은 임금수준을 제일 중요하지 않게 인식하는 것으로 밝혀졌다. 이것은 대부분의 중국 전자업종 기업들의 제품생산 기술[지식] 수준이 크게 높지 않아 종업원이 필요할 경우 산업이 발달되지 않은 지역의 저임금 근로자를 쉽게 확보할 수 있기 때문인 것으로 추정된다.

전자업종은 일반적으로 모두 첨단산업으로 인식하는 경향이 있지만 실제는 그렇지 않다. 하나의 예를 들자면, 전자업종 분야의 하나인 LED(발광 다이오드)를 생산하는 기업들 가운데도 실리콘(Si)을 주요원료로 이용하는 공장보다는 비소화갈륨 화합물을 주요원료로 하는 공장이 더욱 첨단화된 상품을 생산할 수 있는 것으로 볼 수 있다. 그리고 동일한 반도체 생산공장들도 해당기업의 주요원료로 이용되는 원재료가 실리콘(Si), 인듐(In), 인(P) 또는 (비소화갈륨 화합물의 주성분인)갈륨(Ga)/비소(As) 중 어느 것인지에 따라서 물류의 편의성 및 원재료조달의 용이성에 관련하여 선호되는 공장입지 지역이 전혀 다를 수 있다.

전자업종 기업경영인들의 중국 현지 두 지역에 대한 인식을 분석한 결과를 보면 중국 전자업종 기업의 경영인들은 공장입지 선정지역으로 상해시를 심양시보다 더 바람직한 지역으로 평가하였다.

2. 기계업종 기업의 입지선정 특성

1) 기계업종 기업의 공장입지 선정 주 기준 중요도

〈표 24〉 기계업종 기업의 공장입지 선정 주 기준 중요도

주 기준	중요도	CR 값
기업정착 요인	0.309	
기업환경 요인	0.365	
생산·운영 요인	0.326	0.00
합계	1.00	

분석결과, 중국 기계업종 기업의 경영인들은 기업환경 요인을 제일 중요하게 인식하고 기업정착 요인을 제일 중요하지 않게 인식하는 것으로 분석되었다.

주 기준[1단계 요인]에 중국 기계업종 기업경영인들의 중요도 인식의 우선순위는 다음과 같다.

기업환경 요인(0.365) > 생산·운영 요인(0.326) > 기업정착 요인(0.309)

2) 기계업종 기업의 공장입지 선정 세부기준 중요도

중국 기계업종 기업경영인들의 공장입지 선정 관련 세부기준[2단계 기준]들 간의 중요도를 분석한 결과, 주 기준의 하나인 기업정착 요인의 세부요인에서 정책적 지원을 공장 설립비보다 훨씬 더 중요하게 인식하는 것으로 밝혀졌다.

<표 25> 기계업종 기업의 기업정착 요인 중요도

기업정착 요인	중요도	CR 값
공장 설립비	0.422	
정책적 지원	0.578	-
합계	1.00	

　　기업환경 요인의 세부기준인 물류의 편의성과 협력업체 근접성 요인에 대한 중요도 인식에서 중국 기계업종 기업은 판매시장 근접성을 제일 중요하게 인식하고 협력업체 근접성을 기타 세부요인들보다 중요하지 않게 인식하는 것으로 나타났다.

<표 26> 기계업종 기업의 기업환경 요인 중요도

기업환경 요인	중요도	CR 값
물류의 편의성	0.206	
저렴한 토지임대료	0.235	
판매시장 근접성	0.250	
협력업체 근접성	0.109	0.04
기반시설	0.200	
합계	1.00	

　　생산·운영 요인의 하위 5개의 요인들의 중요도 인식에서는 중국 기계업종 기업의 경영인들이 원재료 조달을 제일 중요하게 인식하고 지식기반을 기타 세부요인들보다 중요하지 않게 인식하는 것으로 밝혀졌다. 구체적인 중요도 인식순위는 다음과 같다.

　　원재료 조달 > 노동력 확보 > 임금수준 > 자본조달 > 지식기반

<표 27> 기계업종 기업의 생산 · 운영 요인 중요도

생산 · 운영 요인	중요도	CR 값
원재료 조달	0.293	
노동력 확보	0.257	
임금수준	0.180	0.03
자본조달	0.165	
지식기반	0.105	
합계	1.00	

3) 기계업종 기업의 공장입지 주 기준 및 세부기준 요인들의 총체적 중요도

AHP 기법을 이용하여 산출한 주 기준 및 세부기준에 대한 총체적인 차원의 상대적인 중요도는 <표 28>과 같이 분석되었다.

<표 28> 기계업종 기업의 총체적 차원의 입지요인 관련 중요도

주 기준 중요도: W_1	세부기준	세부기준 중요도: W_2	상해		심양	
			점수 100점 만점	가중점수 점수 × W_1 × W_2	점수 100점 만점	가중점수 점수 × W_1 × W_2
기업정착 요인 0.309	공장 설립비	0.422	55.00	7.15	65.00	8.45
	정책적 지원	0.578	63.00	11.28	63.00	11.28
	합 계	1.00		18.43		19.73
기업환경 요인 0.365	물류의 편의성	0.206	88.00	6.60	73.00	5.48
	저렴한 토지 임대료	0.235	50.00	4.30	66.00	5.68
	판매시장 근접성	0.250	73.00	6.64	64.00	5.82
	협력업체 근접성	0.109	60.00	2.40	63.00	2.52
	기반시설	0.200	71.00	5.19	63.00	4.59
	합 계	1.00		25.13		24.09
생산 · 운영 요인 0.326	원재료 조달	0.293	83.00	7.89	73.00	6.94
	노동력 확보	0.257	61.00	5.12	72.00	6.05
	임금수준	0.180	58.00	3.42	68.00	4.01
	자본조달	0.165	53.00	2.86	54.00	2.92
	지식기반	0.105	56.00	1.91	59.00	2.00
	합계	1.00		21.20		21.92
총계	1.00			64.76		65.74

공장입지를 선정할 때, 중국 기계업종 기업의 경영인들은 정책적 지원과 공장 설립비를 제일 중요하게 인식하는 것으로 밝혀졌다. 이것은 중국 현지 기업경영인들에게 기계업종의 공장을 설립하는 데 가장 힘든 과제가 공장부지의 확보 및 관련행정당국[정부]의 인허가를 받는 것이기 때문에 정책적 지원과 공장 설립비를 제일 중요하게 인식하는 것으로 추정된다.

그리고 지식기반과 협력업체 근접성을 제일 중요하지 않게 인식하는 것으로 밝혀졌는데, 이것은 중국 기계업종의 기업들이 일반적으로 필요한 대부분의 부품을 외주를 하지 않고 공장 내에서 생산하고 중요한 개발 및 설계에 관련된 소수의 담당자·책임자를 제외한 나머지의 제조공정에 관련된 일을 하는 근로자들은 단순한 기술만 있으면 충분하기 때문인 것으로 추정된다.

중국 기계업종 기업인들의 중국 현지 두 지역에 대한 인식을 분석한 결과를 보면, 기계업종 기업의 경영자들은 심양시를 상해시보다 근소한 차이로 조금 더 바람직한 공장입지라고 평가하였다.

3. 화학업종 기업의 입지선정 특성

1) 화학업종 기업의 공장입지 선정 주 기준 중요도

<표 29> 화학업종 기업의 공장입지선정 주 기준 중요도

주 기준	중요도	CR 값
기업정착 요인	0.143	
기업환경 요인	0.143	0.00
생산·운영 요인	0.714	
합계	1.00	

석유화학 업종은 고비용이 소요되는 중장기 업종이며 원료의 비용이 매우 큰 업종이다. 분석결과, 중국 화학업종 기업의 경영인들은 생산·운영 요인을 제일 중요하게 인식하고 기업정착 요인과 기업환경 요인을 동일하게 인식하는 것으로 나타났다. 기업환경 요인[1단계 요인]에 대한 화학업종 기업경영인들의 중요도 인식의 우선순위는 다음과 같다.

생산·운영 요인(0.714) > 기업환경 요인(0.143) = 기업정착 요인(0.143)

2) 화학업종 기업의 공장입지선정 세부기준 중요도

화학업종 기업경영인들의 공장입지 선정관련 세부기준[2단계 기준]들 간의 중요도를 분석한 결과, 주 기준의 하나인 기업정착 요인의 세부요인 정책적 지원을 공장 설립비보다 훨씬 더 중요하게 인식하는 것으로 나타났다.

〈표 30〉 화학업종 기업의 기업정착요인 중요도

기업정착 요인	중요도	CR 값
공장 설립비	0.250	
정책적 지원	0.750	-
합계	1.00	

기업환경 요인의 세부기준인 저렴한 토지임대료를 제일 중요하게 인식하고 협력업체 근접성을 기타 세부요인들보다 중요하지 않게 인식하는 것으로 나타났다. 구체적인 중요도 순위는 다음과 같다.

저렴한 토지임대료 > 물류의 편의성 > 판매시장 근접성 > 기반시설 > 협력업체 근접성

<표 31> 화학업종 기업의 기업환경 요인 중요도

기업환경 요인	중요도	CR 값
물류의 편의성	0.276	
저렴한 토지임대료	0.336	
판매시장 근접성	0.229	0.20
협력업체 근접성	0.040	
기반시설	0.119	
합계	1.00	

생산·운영 요인의 세부기준에 대해서 분석한 결과를 보면, 중국 화학업종 기업의 경영인들은 자본조달을 제일 중요하게 인식하고 원재료 조달을 기타 세부요인들보다 중요하지 않게 인식하는 것으로 나타났다. 구체적인 중요도 인식순위는 다음과 같다.

자본조달 > 노동력 확보 > 지식기반 > 임금수준 > 원재료 조달

<표 32> 화학업종 기업의 생산·운영 요인 중요도

생산·운영 요인	중요도	CR 값
원재료 조달	0.099	
노동력 확보	0.176	
임금수준	0.140	0.20
자본조달	0.435	
지식기반	0.150	
합계	1.00	

3) 화학업종 기업의 공장입지 주 기준 및 세부기준 요인들의 총체적 중요도

AHP 기법을 이용하여 산출한 주 기준 및 세부기준에 대한 총체적인 차원의 상대적인 중요도는 <표 33>과 같이 분석되었다.

주 기준 중요도: W_1	세부기준	세부기준 중요도: W_2	상해		심양	
			점수 100점 만점	가중점수 점수×W_1×W_2	점수 100점 만점	가중점수 점수×W_1×W_2
기업정착 요인 0.143	공장 설립비	0.250	50.00	1.80	70.00	2.52
	정책적 지원	0.750	60.00	6.42	60.00	6.42
	합계	1.00		8.22		8.94
기업환경 요인 0.143	물류의 편의성	0.276	100.00	3.90	90.00	3.51
	저렴한 토지 임대료	0.336	40.00	1.92	60.00	2.88
	판매시장 근접성	0.229	100.00	3.30	80.00	2.64
	협력업체 근접성	0.040	80.00	0.48	60.00	0.36
	기반시설	0.119	90.00	1.53	70.00	1.19
	합계	1.00		11.13		10.58
생산·운영 요인 0.714	원재료 조달	0.099	80.00	5.68	70.00	4.97
	노동력 확보	0.176	70.00	8.82	80.00	10.08
	임금수준	0.140	60.00	6.00	80.00	8.00
	자본조달	0.435	80.00	24.88	70.00	21.77
	지식기반	0.150	80.00	8.48	60.00	6.36
	합계	1.00		53.86		51.18
총계		1.00		73.21		70.70

공장입지를 선정할 때, 중국 화학업종 기업의 경영인들은 자본조달을 제일 중요하게 인식하는 것으로 밝혀졌다. 이것은 화학업종은 대규모 장치 공업에 해당되어 막대한 자금과 높은 임금의 전문지식을 갖춘 인력을 필요로 하기 때문인 것으로 추정된다.

그리고 중국 화학업종 기업의 경영인들은 협력업체 근접성을 제일 중요하지 않게 인식하는 것으로 나타났는데 이것은 화학업종을 포함한 전자, 기계업종의 중국기업 경영인들은 무엇이든 협력하는 것보다 독자적으로 진행하려는 성향이 크기 때문에 협력업체 근접성을 제일 중요하지 않게 인식하는 것으로 추정된다.

화학업종 기업경영인들의 중국 현지의 두 지역에 대한 인식을 분석한 결과를 보면 공장입지 선정지역으로 상해시를 심양시보다 더 바람직한 지역인 것으로 평가하였다. 화학업종의 경우, 적합한 원재료의 원활한 공급은 매우 중요한 변수로 작용할 수도 있을 것으로 유추된다. 대부분의 화학제품의 원재료 산지가 중국의 중남부 지역에 위치하고 있는 관계로 원재료 수급차원에서 상해시가 심양시보다 유리하다.

제6절 공장입지 선정사례 연구 요약

1. 연구결과의 요약

공장입지 관련 선행연구의 결과를 참조하여, 공장입지 결정에 중요한 역할을 하는 요인들을 선정하였다. 공장입지에 대한 의사결정을 위한 많은 방법 가운데 여러 가지 요인들을 체계적으로 고려하여 최적해를 구하는 방법[다기준 의사결정법]의 하나인 계층적 분석방법(AHP: Analytical Hierarchy Process)을 이용하여 중국경영인들의 공장입지 결정관련 의사결정 행태를 연구하였다.

중국에서 기업의 경영활동에 관련된 중국통계국의 자료 및 한국의 문헌연구를 통해서 주 기준(기업정착 요인, 기업환경 요인과 생산·운영 요인)들과 12개의 세부기준들을 정의하였다.

세부기준들 가운데 기업정착 요인에 대해서는 공장 설립비와 정책적 지원으로 정의하고, 기업환경 요인에 대해서는 물류의 편의성, 저렴한 토지임대료, 판매시장 근접성, 협력업체 근접성, 기반시설로 정의하였다. 그리고 생산·운영 요인에 대해서는 원재료 조달, 노동력 확보, 임금수준, 자본조달, 지식기반으로 정의하였다.

모든 변수들의 관련성을 감안하여 '<그림 2> 공장입지 선정관련 다기준 구성요인들의 관련도'와 같이 공장입지 선정에 적합한 다기준의 구성요인 관련도(關連圖)-AHP 모형을 구축하였다.

중국기업 경영인들의 공장입지 관련 의사결정에 대한 사례연구 결과를 요약하면 다음과 같다.

첫째, 주 기준에 대한 중요도 인식의 경우, 중국기업 경영인들은 기업환경 요인을 제일 중요하게 인식하고 기업정착 요인을 기업환경 요인과 생산·운영 요인보다 중요하지 않게 인식하는 것으로 밝혀졌다.

기업환경 요인(0.397) > 생산·운영 요인(0.304) > 기업정착 요인(0.299)

둘째, 주 기준의 하나인 기업정착 요인의 세부요인들에 대한 분석결과를 보면, 중국기업인들은 정책적 지원을 공장 설립비보다 훨씬 더 중요하게 인식하는 것으로 밝혀졌다.

정책적 지원(0.533) > 공장 설립비(0.467)

셋째, 기업환경 요인의 세부기준의 경우, 중국기업 경영인들은 기반시설을 가장 중요하게 인식하고 협력업체 근접성을 기타 세부요인들보다 중요하지 않게 인식하는 것으로 밝혀졌다.

기반시설(0.239) > 물류의 편의성(0.236) > 판매시장 근접성(0.209) > 저렴한 토지임대료(0.187) > 협력업체 근접성(0.129)

넷째, 생산·운영 요인의 하위 5개 요인들의 중요도 인식에서는 중국기업 경영인들은 노동력 확보를 제일 중요하게 인식하고 지식기반을 기타 세부요인들보다 중요하지 않게 인식하는 것으로 밝혀졌다. 구체적인 중요도 인식순위는 다음과 같다.

노동력 확보(0.256) > 원재료 조달(0.233) > 자본조달(0.194) > 임금수준(0.159) > 지식기반 (0.158)

다섯째, 12개의 세부기준들을 총체적인 관점에서 정규화한 것을 살펴보면, 중국기업 경영인들은 공장 설립비와 정책적 지원요인에 편중되어 있으며, 나머지 대부분의 요인들을 별로 중요하지 않은 것으로 인식하는 것으로 나타났다.

여섯째, 중국기업 경영인들의 공장입지 결정성향을 알아보고자 중국의 상해시와 심양시를 대상으로 설문조사를 하였다. 조사내용은 기업규모(즉, 대기업과 중소기업), 기업의 해외진출 경험유무, 업종(즉, 전자공업, 기계공업 및 화학공업) 등 3가지 측면으로 구분된다.

일곱째, 기업규모의 크기와 해외진출 경험의 유무에 관계없이 중국의 경영인들은 공장입지 선정지역으로는 상해시를 심양시보다 더 바람직한 지역인 것으로 평가하였다.

여덟째, 업종 측면을 살펴보면, 중국의 기업경영인들은 전자공업과 화학공업의 경우 상해시가 심양시보다 공장입지 지역으로 적합하다고 평가하고, 기계공업의 경우는 심양시가 상해시보다 더 적합하다고 평가한 것으로 나타났다.

연구결과 다음과 같은 실무적으로 유용한 시사점을 발견할 수 있었다.

첫째, 본 연구의 결과로 제시된 공장입지 관련 각 요인들에 대한 중국기업 경영인들의 중요도 인식을 실증분석함으로써, 중국에의 공장건립, 공장이전 또는 중국 현지 기업과의 파트너십을 구축하려는 기업이 상생할 수 방법을 모색하는데 유용한 정보를 얻을 수 있을 것으로 본다.

둘째, 한국기업들이 중국(특히 상해시 또는 심양시)에 공장건립을 하고자 할 때 제한된 정보를 이용하기보다는 공장입지에 관련된 여러 중요요인들을 합리적으로 활용할 수 있는 의사결정 틀을 제시하였다.

셋째, 1차 설문조사 및 분석의 결과에 대한 관련전문가들의 공장입지에 관련된 종합적 차원에서의 해석 및 견해는 다음과 같이 요약된다.

중국은 최근 막대한 외환을 보유하고 있으며, 많은 해외의 유수한 기업들이 이미 진출한 상태이다. 그러므로 첨단기술을 이용하는 업종 및 대규모 투자가 아니면 공장입지를 위해서 중국 측으로부터 (특별)지원을 받는 것이 불가능하다. 그뿐만 아니라 공장건립 인허가 받기도 쉽지 않고, 공장건립 인허가를 받더라도 각종 수속절차의 편의를 제공받는 데 어려움을 겪는 상황이다.

2. 연구의 한계 및 향후 연구과제

이 연구는 세계경제 경기 침체기간에 수행된 것이므로 평소 기업인들의 견해와 다른 결과가 나타날 가능성을 완전히 배제할 수 없을 것이다.

이 연구의 결과를 일반화할 수 있기 위해서는 조사시점을 달리한 연구, 조사대상 지역을 중국의 상해시와 심양시 지역보다 더 많은 지역에 대한 조사와 서비스기업들도 포함하는 다양한 업종에 대한 연구를 추가할 필요가 있다.

그리고 역량과 신뢰성 있는 중국 현지 기업과의 파트너십 구축을 통한 중국 진출 시, 한국과 경제체제가 다름으로 인해 발생하는 적지 않은 시행착오들을 줄일 수 있고, 이에 따라 기업 전반의 위험(risk)요인을 대폭 감소시키는 효과를 기대할 수 있기 때문에 중국 현지 기업과의 파트너십 구축을 통한 진출전략을 포함하는 공장입지 선정에 관한 연구 또한 의미 있는 과제가 될 것으로 본다.

제3부

중국기업의 품질경영

(제3부의 제5~6장은 김종순·장동철(2009), 「한국과 중국의 히트상품에 대한 대학생 고객의 구매성향 비교연구: 식음료, 휴대폰 및 의류를 중심으로」와 김종순·장동철(2010), 「제조기업의 품질경영과 기업경쟁력 향상: 중국 심양시의 제조업을 중심으로」 내용을 참조하여 작성하였다.)

제5장

히트상품에 대한 중국대학생 고객의
구매성향 사례연구

제1절 중국대학생 고객의 구매성향

히트상품의 제조·공급은 기업의 운명을 좌우할 수도 있는 중요한 과제이다. 히트상품의 중요속성 요인들에 대한 고객의 반응은 국가·지역, 연령층 등 여러 가지의 상황에 따라 다른 결과를 보여주는 경향이 있다. 우리나라 기업들 가운데 중국으로의 상품수출을 통해서 기업이 유지, 존속, 발전하는 기업들이 매우 많다. 그럼에도 불구하고 아직까지 우리나라 학자들에 의한 한국과 중국의 히트상품에 대한 비교연구를 발견할 수 없었다.

따라서 본 장에서는 한국기업의 장기적인 성장발전에서 크게 의존할 수밖에 없는 중요고객층인 중국대학생들의 히트상품에 대한 성향을 한국대학생들의 경우와 비교연구를 한다. 이를 통하여 중국에 상품을 수출하고자 하는 기업들에게 실용적인 가치가 있는 핵심요인들을 규명하는 데 있다.

고객에게 기대 이상의 가치를 제공하여 폭발적 수요를 창출하는 히트상품(김준환·배영일·이동훈, 1997)은 기업의 운명을 바꾸고 기업의 위치를 결정하기도 한다. 박카스, 초코파이, 새우깡과 같은 장수상품은 해당기업이 시장에서 부동의 1위 자리를 지키는 데 큰 기여를 했으며, 하이트맥주와 같은 대형 히트상품은 오랜 기간 희망하였지만 성공할 수 없었던 시장의 최강자의 지위를 구축하게 하기도 하였다.

1992년 한국경제신문이 12개의 히트상품들을 선정해서 발표한 이래로, 현재에는 거의 모든 일간지들이 실시하고 있으며(박찬수·이준석, 2003), 히트상품의 창출이란 그리 쉬운 과제가 아니며, 설령 만들었다 하더라도 대다수의 상품들은 몇 년 가지 못하고 인기를 상실하고 마는 경우를 쉽게 볼 수 있다(손은일·박영택, 2000).

한국과 중국에서 선정된 히트상품들 가운데 대학생 고객들이 주로 구매결정을 하는 식음료, 핸드폰 및 의류로 한정하고, 한국의 경우 매일경제신문, 한국경제신문, 문화일보에서 선정되고, 중국의 경우 中国消費者网(중국소비자사이트)에서 2007년에 선정된 상품으로, 한국과 중국의 히트상품을 통하여 유행성에 민감하게 반응하는 대학생들이 고려하는 히트상품에 대한 선호도를 비교 및 분석하고자 한다.

제2절 히트상품과 상품성의 구성요소

1. 히트상품

히트상품들에 대한 선행연구를 살펴보면, 삼성경제연구소가 1997년 50대 히트상품을 선정하였는데, 차윤숙·정문상(1998)은 그 히트상품들 중 동아제약 '박카스', 농심 '새우깡', 동양제과 '초코파이'에 대한 성공사례를 중심으로 식음료 산업부문의 장수 히트상품의 성공요인에 대하여 연구하여 9개의 공통요인을 발견하였다.

손은일·박영태(2000)는 매일경제신문을 비롯한 기타기관들이 선정한 바 있는 1997년까지의 히트상품 217개를 상품형태별로 분류해서 식음료, 가전, 생활용품, 자동차, 정보통신상품, 주류, 미용·화장품, 컴퓨터, 주택·건물, 가구·침대, 의약품, 문구·도서, 아동용 완구, 사무기기, 의류 등으로 분류하여 각 유형별 히트상품의 성공요인을 분석 및 설명하였다.

박찬수·이준석(2003)은 1992년부터 2002년까지 우리나라의 10개 주요일간지들이 선정한 히트상품의 현황을 정리하고 히트상품의 타당성을 분석하였다. 류강석·박종철·박찬수(2006)는 히트상품 선정이 소비자들에게 미치는 효과, 즉 히트상품 선정사실을 고지하는 것이 소비자들의 반응에 어떤 영향을 미치는지를 고찰하였다.

김종순·어떵토야(2006)는 품질 경영학적 관심의 대상이 되는 요소들이 핵심상품의 고려요소, 실질상품의 고려요소들, 기본기능의 고려요소들을 중심으로 한국과 몽골의 의식주 관련 히트상품들을 실증적으로 비교분석하였다.

Urban·Hauser(1993)는 신상품 성공의 관련요인을 소비자 욕구의 충족, 고객에 높은 가치제공, 혁신성, 기술적 우월성, 우호적인 경쟁환경, 기업 내부강점과의 적합성, 기능부서 간의 의사소통, 최고경영자의 후원, 열정적인 챔피언, 신상품 조직, 신상품 개발과정의 적용, 불필요한 위험의 회피 등 12가지 요인으로 요약하였다. 한편 신상품 실패요인도 분석하였다.

2. 상품성의 구성요소

히트상품의 품질특성을 상품경쟁 우위 차원으로 보면서 상품성이란 차원으로 설명할 수 있을 것이다. 상품의 특성은 상품으로서 지녀야 할 여러 가지 적성과 요건을 말하는 것으로 상품이 교환의 대상으로 시장에 등장할 때 이러한 특성이 중요시되며 이 특성은 자연적인 조건이나 인위적인 조건으로 생기는 것으로 그 차이는 상업의 객체로서 상품능력을 좌우하는 시장가치에 영향을 미치게 된다(이강화, 2001).

상품이 상업의 객체로서 갖추어야 할 여러 특성과 요건을 상품성이라고 하는데 상품성에 대한 일본상품학계에서의 표현에 따르면, 상품이 환경에 적응하여 새롭게 변화되어 가며, 상품으로서 가치 있게 만드는 제품특성이라고 정의된다.

상품성은 핵심상품(core product), 실질상품(Real product), 확대상품(Extended product) 등으로 설명될 수 있다(김양명, 1999; 손은일·박영택, 2000). 손은일과 박영택(2000)에 따르면, 핵심상품이란 기본기능과 같이 특정한 기능이 없으면 상품으로서 존립가치가 없는 속성이고 실질상품은 상품사용과 직접 관련된 속성으로 사용성, 신뢰성, 심미성, 경제성, 안심성 등을 말하며, 확대상품은 상품사용과 직접 관계되지는 않지만 구매의사 결정의 기준이 되는 속성을 말하는데 상표성, 보증성, 유통성, 광고·이미지, 환경성, 기타 등이 여기에 포함된다.

이러한 분류는 Kolter(1988)가 제안한 바 있으나, 본 연구는 상품사용과 직접 관련성의 여부에 따라 실질상품과 확대상품을 구분하고 있다는 점에서 차이가 있다. 이 상품성의 3가지 수준에 해당하는 내용은 <그림 4>와 같다.

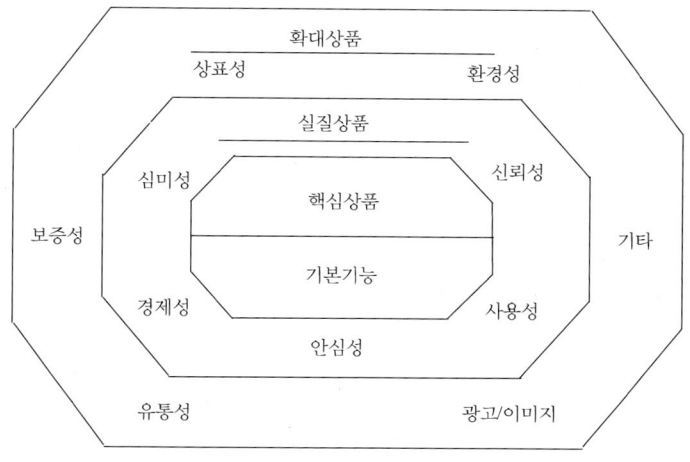

〈그림 4〉 상품성의 3가지 수준

1) 기능성

기능성이란 상품의 기본적인 특성을 의미하는 것으로 상품이 가지는 기본적인 기능이나 성능을 대표하는 말이다. 특정기능이 없으면 상품으로서의 가치가 없어지게 되는 기본기능의 강화를 비롯하여, 신기능 및 복합기능 등이 여기에 포함될 수 있다. 신기능이란 기존의 상품기능으로 충족시켜줄 수 없었던 고객의 욕구를 충족시켜주는 신상품의 기능이나 기존의 상품에 없던 유용한 기능이 추가되는 것을 말한다. 복합기능은 복수의 속성을 한 번에 간편하게 취급하게 하여 소비자의 편의성을 추구하는 데 도움을 주는 것으로 상황에 따라 매우 유용한 상품전략으로 선택될 수 있을 것이다.

2) 심미성

심미성은 상품(포장)디자인, 상품의 외관, 느낌 등에 관련된 것이다. 포장디자인은 포장에 관련된 디자인을 의미하며, 심미적 영향효소는 단순/복잡, 균형, 통일, 율동, 시대성/스타일, 독특성, 전형성, 비례를 가지고 사용자 선호와 제품평가에 영향을 주는 심미적 영향요소를 의미한다 (정수경·홍정표 2005).

디자인은 물품의 형상, 모양, 색채 또는 이들을 결합하여 사물의 조형 활동을 계획하거나 전개하는 총체적인 행위를 말하는 것으로 품질형성에 있어서 상품화 계획상 중요한 속성 중의 하나이다(김종순·어떵토야, 2006).

3) 경제성

경제성이란 인적 및 물적 자원의 최소 투입으로 최대의 이익을 발생시키려는 원칙이며, 경제성은 절약성, 저가성, 수익성으로 구분될 수 있다.

절약성이란 주로 자원 절약성을 의미하며, 저가성(Moderate Price)이란 상품구매를 하고자 하는 소비자가 기꺼이 지불할 수 있는 수준에서 가격을 결정할 수 있도록 적절한 가격을 유지하는 성질을 말한다. 수익성을 증대시키기 위해서는 품질수준이 유지되면서 가격은 언제나 수요 시장의 수요자 생활 수준이나 수입에 따른 유효 수요력의 정도에 적합한 경우이거나 싼 느낌을 줄 수 있는 수준에서 가격을 결정하여야 바람직하다.

4) 안심성

안심성이란 무해성과 안전성을 포함하는 개념으로 마음을 편안하고 걱정 없이 사용할 수 있는 특성을 말한다. 무해성은 상품이나 서비스 사용에 관련된 해독 내지는 부작용이 없는 것으로 설명된다. 안전성이란 상품사용 시 인체나 생명, 자연환경파괴 또는 재산에 나쁜 영향을 받지 않아야 함을 의미한다.

5) 사용성

사용성의 차원으로는 휴대성, 조작의 용이성, 사용의 간편성, 이해성 등을 포괄하는 개념이다. 휴대성은 손에 들거나 몸에 지니기 쉽도록 경량화, 소형화한 상품을 말한다. 간편성은 상품 및 서비스의 사용이 간편하여야 함을 의미한다. 한편 이해성이란 지적 편의성(intellectual comfort)이나 학습용이성을 나타낸다.

6) 신뢰성

고장 없이 오랫동안 쓸 수 있는 특성을 의미하는 신뢰성에는 신뢰도 특성, 내구성, 보전성이 포함된다. 신뢰도 특성은 고장률을 감소시킴으로써 신뢰도를 개선시키는 것을 말한다. 상품수명을 의미하는 내구성은, 경제적인 측면과 기술적인 측면을 모두 갖고 있다. 보전성은 사후정비의 필요성을 최소화하는 특성을 말한다.

7) 상표성

상표성은 상품의 브랜드 가치를 의미하며, 네이밍과 인지성으로 구성된다. 네이밍(naming)이란 기업 아이덴티티(CI) 확립의 기본적인 작업으로 회사 및 상품의 명칭을 결정하는 것을 말한다. 인지성은 기존상표에 대한 인지성을 계속 활용하는 것을 말한다.

8) 보증성

판매 후 서비스(after service)와 보증조건 등이 관련되는 보증성에는 수리의 신속성, 수리요원의 친절도, 수리용이성 및 사후책임 문제까지도 포함된다.

9) 유통성

유통체계의 합리성에 관련된 기준이다. 21세기에는 사이버마켓, 인터넷판매 등과 같은 새로운 유통형태의 수요증가로 말미암아 유통망이 다양화되고 정보기술이 도입됨으로써 유통체제가 경쟁우위 핵심요소의 하나가 되었다.

10) 광고 및 이미지

광고 및 이미지의 범주에는 선전 및 광고를 비롯하여, 비상업적인 홍보활동, 사과문, 해명서, 구인광고 분야까지 포함하기도 한다.

11) 환경성

과거 부동의 1위를 유지하던 OB맥주 회사의 페놀 유출사고가 가져다준 사례에서 알 수 있는 것처럼 비친환경적인 상품화는 기업의 모든 것을 포기하게 할 수 있다. 환경성은 상품과 서비스와 관련된 환경파괴의 감소에 관련된 것이다.

12) 기타요인

시대성, 전통성, 신기성 등과 같은 것들을 기타요인으로 볼 수 있다. 시대성이란 어떤 시대의 개인이 사회에 적응하는 공통된 성질인 사회성이 포함된다. 전통성이란 특정국가 또는 지역고유의 것이나 추억 속에 있는 예전의 사용경험이 상품화의 주된 배경이 된 경우를 말한다. 신기성이란 새롭고 기이한 것을 의미하는 데, 이는 상품이나 서비스 자체가 신기함에 의한 특성이다.

13) 히트상품의 개념 및 속성

인간의 욕망을 충족시켜주는 것이 상품이라는 기본적인 개념에서 볼 때 고객의 니즈와 상품이 갖고 있는 속성이 일치할수록 상품이 상업적으로 성공할 가능성이 크며(손은일·박영택, 2000), 기업이 추구하는 가장 중요한 가치 중 하나인 영속성을 유지하기 위해 기업은 소비자의 눈길을 끄는 신상품을 개발하여 히트상품으로 탄생시킨다. 기업이 영속성을 유지하려면 장수상품으로 만들 수 있는 신제품을 개발해야 한다(손은일·박창규, 2001).

히트상품이란 사회적 배경, 소비자의 심리 및 기업의 전략 등 여러 요인이 복합적으로 작용하여 나타나는 일종의 유행상품으로 볼 수 있으며, 상품의 매력적인 요소가 그 시대의 가치로 전환될 수 있을 때 히트상품이 출현되는 것이다.

제3절 히트상품의 구매결정 요인

본 절에서는 한국과 중국에서 선정된 히트상품들 가운데 유행에 민감하게 반응하는 집단의 하나인 대학생들에게 관심이 많은 히트상품에 대한 대학생들의 구매성향을 중심으로 연구하였다. 성공요인을 비교분석하기 위하여 각 요인에 대하여 리커트 5점 척도로 하는 각 문항에 대하여 평가하였다.

설문은 두 나라 대학생을 대상으로 510부(중국 300부; 한국 210부)를 배포하여 460부(중국 280부; 한국 180부)를 회수하여 사용 가능한 설문지 193부(중국 103부; 한국 90부)를 SPSS 12.0을 이용하여 분석하였다.

1. 한국대학생들의 히트상품 구매결정 요인

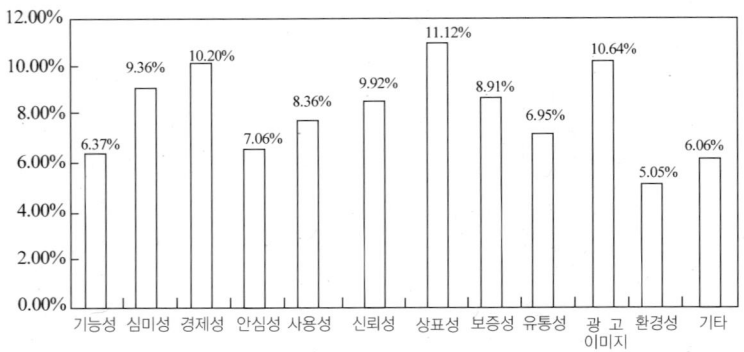

〈그림 5〉 한국 히트상품의 구매결정 요인

　한국대학생들의 3가지 유형의 상품들에 대한 전반적인 측면에서의 히트상품 구매성향을 분석한 결과, 상표성(11.12%), 광고이미지(10.64%), 경제성(10.20%), 신뢰성(9.92%), 심미성(9.36%), 보증성(8.91%), 이해성(8.36%), 안심성(7.06%), 유통성(6.95%), 기능성(6.37%), 기타(6.06%), 환경성(5.05%)을 중요한 요인으로 고려하는 것으로 나타났다.

1) 한국대학생들의 식음료상품의 구매결정 요인
　한국의 식음료 히트상품에 청정원의 '마시는 홍초', 남양유업의 '몸이 가벼워지는 시간 17차', 광동제약의 '광동 옥수수 수염차' 등 상품을 포함한다.

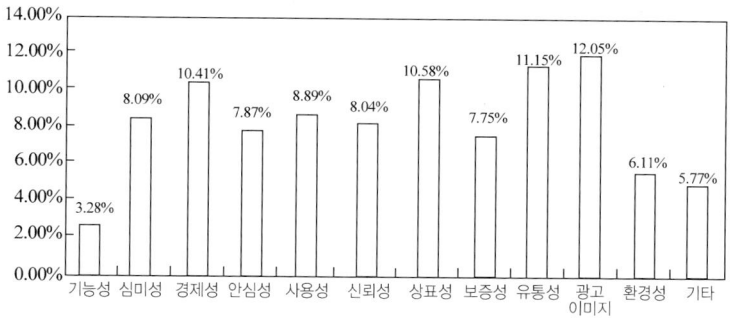

〈그림 6〉 식음료상품의 주요구매 결정요인(한국)

한국대학생들이 식음료 히트상품을 구입할 때, 광고이미지(12.05%), 유통성(11.15%), 상표성(10.58%), 경제성(10.41%)을 보다 더 중요한 것으로 평가하였으며, 나머지 요인들은 상대적으로 덜 중요하게 고려하는 것으로 추정된다.

2) 한국대학생들의 핸드폰상품 구매결정 요인

핸드폰 히트상품에는 삼성전자의 애니콜 UFO폰, LG전자 초콜릿폰 등이 관련된다.

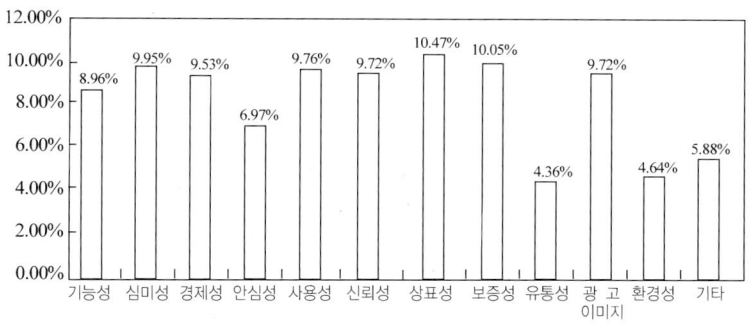

〈그림 7〉 핸드폰상품의 구매결정 요인(한국)

한국대학생들이 핸드폰 히트상품 구매를 결정할 때, 상표성(10.47%), 보증성(10.05%), 심미성(9.95%)을 보다 더 중요한 것으로 평가하였으며, 나머지 요인들은 상대적으로 덜 중요하게 고려하는 것으로 유추된다.

3) 한국대학생들의 의류상품 구매결정 요인

한국 의류 히트상품에는 제일모직의 로가디스, LG패션의 헤지스, 던필드의 크로커다일 상품 등이 해당된다.

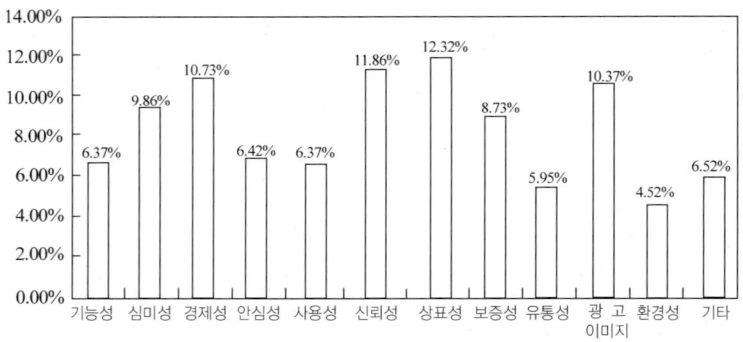

〈그림 8〉 의류상품의 구매결정 요인(한국)

한국대학생들의 의류 히트상품 구매성향을 살펴보면, 상표성(12.32%), 신뢰성(11.86%), 경제성(10.73%), 광고이미지(10.37%), 심미성(9.86%)을 보다 더 중요한 것으로 평가하였으며, 나머지 요인들은 상대적으로 덜 중요하게 고려하는 것으로 추정된다.

2. 중국대학생들의 히트상품 구매결정 요인

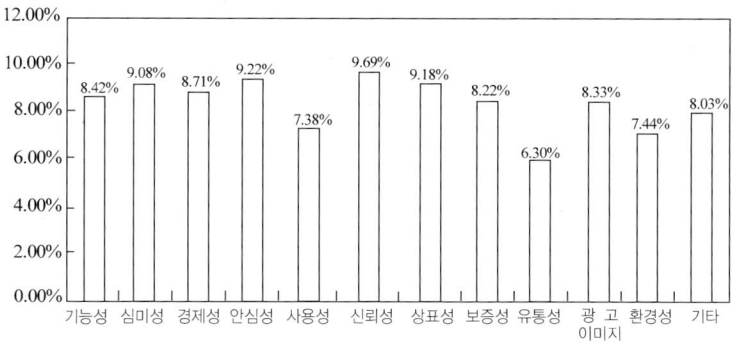

<그림 9> 히트상품의 주요 구매 결정요인(중국)

중국대학생들이 식음료, 핸드폰, 의류 히트상품 구매에서 보이는 전반적인 구매성향을 분석한 결과, 신뢰성(9.69%), 안심성(9.22%), 상표성(9.18%), 심미성(9.08%), 경제성(8.71%)을 보다 더 중요한 것으로 평가하였으며, 나머지 요인들은 상대적으로 덜 중요하게 고려하는 것으로 나타났다. 중국학생들의 경우, 가장 중요시하는 요인과 가장 중요하지 않게 고려하는 요인 간의 평가치들 간의 차이가 한국대학생들에 비해서 차이가 적은 것으로 추정된다.

1) 중국대학생들의 식음료상품의 구매결정 요인

중국의 식음료 히트상품에 중국소비자 사이트에서 선정한 몽우(蒙牛), 와하하(娃哈哈), 회원(汇源), 루루(露露) 상품 등이 관련된다.

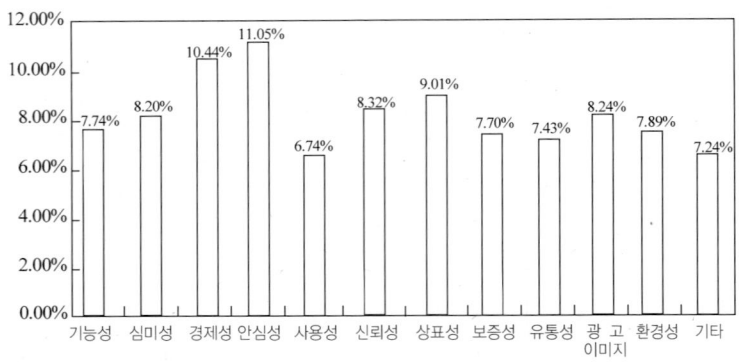

〈그림 10〉 식음료상품의 주요 구매 결정요인(중국)

중국대학생들이 식음료 히트상품을 구입할 때, 안심성(11.05%), 경제성(10.44%)을 보다 더 중요한 것으로 고려하며, 나머지 요인들은 상대적으로 덜 중요하게 고려하는 것으로 분석된다.

2) 중국대학생들의 핸드폰상품 구매결정 요인

중국의 핸드폰 히트상품에 중국소비자 사이트에서 선정한 노키아(诺基亚), 소니에릭슨(索尼爱立信), 삼성(三星), 모토롤라(摩托罗拉) 상품 등이 해당된다.

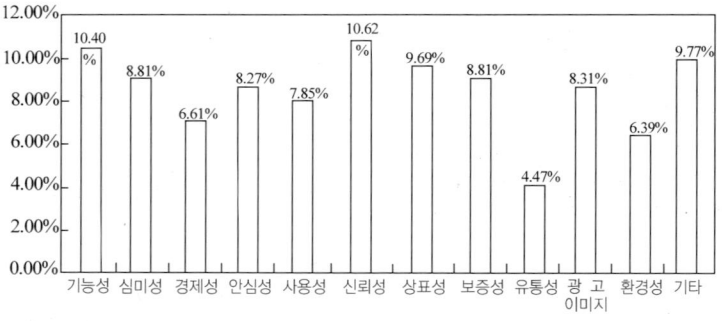

〈그림 11〉 핸드폰상품의 주요 구매 결정요인(중국)

중국대학생들의 핸드폰 히트상품 구매성향을 살펴보면, 신뢰성(10.62%), 기능성(10.40%)을 보다 더 중요한 것으로 평가하였으며, 나머지 요인들은 상대적으로 덜 중요하게 평가하는 것으로 유추된다.

3) 중국대학생들의 의류상품 구매결정 요인

중국의 의류 히트상품에 중국소비자 사이트에서 선정한 뷔스덩(波斯登), 홍두(红豆), 라몽(罗蒙), 보희조(报喜鸟), 야거얼(雅戈尔) 상품 등이 관련된다.

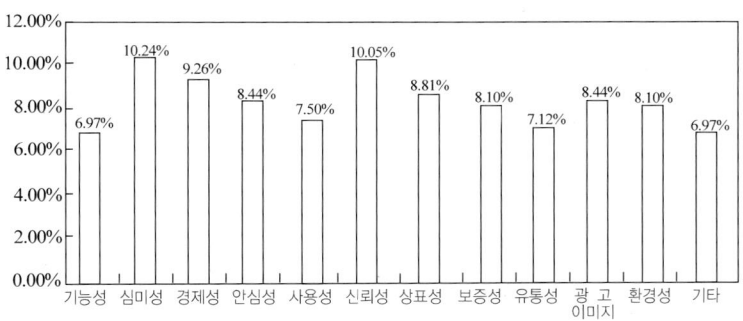

<그림 12> 의류상품의 주요 구매 결정요인(중국)

중국대학생들이 의류 히트상품을 구입할 때, 심미성(10.24%), 신뢰성(10.05%), 경제성(9.26%)을 보다 더 중요한 것으로 고려하며, 나머지 요인들은 상대적으로 덜 중요하게 고려하는 것으로 보인다.

3. 히트상품 구매결정 요인의 한국과 중국 비교

〈표 34〉 히트상품의 구매결정 요인비교(단위: %)

구분	순위	식음료		핸드폰		의류	
한국	1	광고이미지	12.05	상표성	10.47	상표성	12.32
	2	유통성	11.15	보증성	10.05	신뢰성	11.86
	3	상표성	10.58	심미성	9.95	경제성	10.73
	4	경제성	10.41	사용성	9.76	광고이미지	10.37
	5	사용성	8.89	신뢰성	9.72	심미성	9.86
	6	심미성	8.09	광고이미지	9.72	보증성	8.73
	7	신뢰성	8.04	경제성	9.53	기타	6.52
	8	안심성	7.87	기능성	8.96	안심성	6.42
	9	보증성	7.75	안심성	6.97	기능성	6.37
	10	환경성	6.11	기타	5.88	사용성	6.37
	11	기타	5.77	환경성	4.64	유통성	5.95
	12	기능성	3.28	유통성	4.36	환경성	4.52
중국	1	안심성	11.05	신뢰성	10.62	심미성	10.24
	2	경제성	10.44	기능성	10.40	신뢰성	10.05
	3	상표성	9.01	기타	9.77	경제성	9.26
	4	신뢰성	8.32	상표성	9.69	상표성	8.81
	5	광고이미지	8.24	심미성	8.81	안심성	8.44
	6	심미성	8.20	보증성	8.81	광고이미지	8.44
	7	환경성	7.89	광고이미지	8.31	보증성	8.10
	8	기능성	7.74	안심성	8.27	환경성	8.10
	9	보증성	7.70	이해성	7.85	이해성	7.50
	10	유통성	7.43	경제성	6.61	유통성	7.12
	11	기타	7.24	환경성	6.39	기능성	6.97
	12	이해성	6.74	유통성	4.47	기타	6.97

　　〈표 34〉에서 보는 바와 같이 한국대학생들이 식음료상품을 구입할 때는 광고이미지, 유통성 및 상표성을 가장 중요한 요인으로 고려하는데, 중국대학생들은 안심성, 경제성, 상표성을 가장 중요한 요소로 고려하는 것으로 나타났다.

　　핸드폰상품을 구입할 경우에는, 한국대학생들은 상표성, 보증성, 심미성을 중요한 요소로 고려하지만, 중국대학생들은 신뢰성, 기능성, 기타를 중요한 요소로 고려하는 것으로 나타났다. 한편 의류상품의 경우는 한국 대학생들은 상표성, 신뢰성, 경제성을, 중국대학생들은 심미성과 신뢰성, 경제성을 가장 중요한 변수로 각기 다른 선호도를 보였다. 그런데 두 번째 및 세 번째 선호요인은 두 나라의 대학생들이 동일하게 신뢰성과 경제성을 중요하게 고려하는 것으로 나타났다.

1) 성별과 국적에 따른 주요 히트상품 구매결정요인의 차이 분석

(1) 두 모집단의 국적별 주요 구매 결정요인 간의 차이 검정

한국과 중국 두 나라 대학생들이 히트상품을 구입할 때 중요한 구매결정 요인으로 고려하는 요인들이 국적별로 차이가 있는지 분석하고자 T검정을 하였다.

〈표 35〉 식음료 히트상품 구매결정 요인에 대한 중요도 인식

요인	국가	평균	표준편차	t 값	p 값	요인	국가	평균	표준편차	t 값	p 값
기능성	한국	2.87	.80	-3.39	.001	상표성	한국	3.50	.75	.11	.912
	중국	3.32	1.06				중국	3.49	1.07		
심미성	한국	3.22	.80	-1.98	.049	보증성	한국	2.99	1.01	-2.16	.032
	중국	3.47	.86				중국	3.32	1.10		
경제성	한국	3.38	.83	-2.42	.017	유통성	한국	3.59	.60	2.56	.011
	중국	3.67	.85				중국	3.25	1.17		
안심성	한국	3.07	1.02	-4.36	.000	광고이미지	한국	3.54	.84	.24	.808
	중국	3.74	1.11				중국	3.51	.86		
사용성	한국	3..24	.81	- .35	.727	환경성	한국	3.07	.87	-2.50	.013
	중국	3.29	1.04				중국	3.41	1.02		
신뢰성	한국	3.24	.75	-2.49	.014	기타	한국	2.99	.88	-2.14	.034
	중국	3.55	.97				중국	3.28	1.02		

검정결과인 <표 35>를 살펴보면, 식음료 히트상품의 구매결정에 관련하여서는 두 나라 대학생들 간의 일부 구매결정 요인들에 대한 견해가 뚜렷한 차이를 보이고 있다. 구체적으로는 12개의 주요요인들 가운데 기능성, 심미성, 경제성, 안심성, 신뢰성, 보증성, 유통성, 환경성, 기타요

인이 유의수준 α=.05에서 의미 있는 차이가 있는 것으로 나타났다. 한국대학생들은 유통성을 중국대학생들보다 더 중요한 변수로 고려하며, 중국학생들은 식품의 안심성과 경제성을 한국대학생들보다 더 중요한 구매결정 요인으로 보는 차이가 있다.

〈표 36〉 핸드폰 히트상품 구매결정 요인에 대한 중요도 인식

요인	국가	평균	표준편차	t 값	p 값	요인	국가	평균	표준편차	t 값	p 값
기능성	한국	3.54	.85	-1.51	.134	상표성	한국	3.68	.87	.39	.699
	중국	3.76	1.08				중국	3.62	1.15		
심미성	한국	3.68	.95	.48	.634	보증성	한국	3.59	.96	-.02	.981
	중국	3.61	.97				중국	3.59	1.00		
경제성	한국	3.47	.90	.50	.618	유통성	한국	2.88	.99	-.76	.448
	중국	3.40	.99				중국	2.99	1.05		
안심성	한국	3.20	.88	-2.27	.024	광고이미지	한국	3.50	.88	.48	.631
	중국	3.51	1.05				중국	3.44	.94		
사용성	한국	3.52	.90	.27	.787	환경성	한국	2.81	1.00	-3.12	.002
	중국	3.49	.98				중국	3.28	1.08		
신뢰성	한국	3.54	.90	-2.02	.045	기타	한국	3.06	.98	-3.59	.000
	중국	3.83	1.01				중국	3.60	1.14		

핸드폰 관련 분석결과를 살펴보면, 히트한 핸드폰의 구매결정에 관련하여서는, 두 나라 대학생들 간의 구매결정 요인들에 대한 견해가 대부분의 요인들에는 차이가 없는 것으로 추정된다. 유의수준 α=.05에서 의미 있는 차이가 있는 부분은 12개의 주요요인들 가운데 안심성, 신뢰성 및 환경성과 기타요인인 것으로 나타났다.

요인	국가	평균	표준편차	t 값	p 값	요인	국가	평균	표준편차	t 값	p 값
기능성	한국	3.14	.98	-1..26	.210	상표성	한국	3.72	.85	1.47	.142
	중국	3.32	.96				중국	3.52	1.02		
심미성	한국	3.60	.86	-.80	.424	보증성	한국	3.38	.86	-.15	.882
	중국	3.71	1.01				중국	3.40	1.07		
경제성	한국	3.52	.77	-.23	.817	유통성	한국	2.96	1.03	-1.61	.109
	중국	3.55	1.09				중국	3.19	1.03		
안심성	한국	3.04	1.01	-2.53	.012	광고이미지	한국	3.48	.82	-.06	.954
	중국	3.42	1.03				중국	3.49	1.01		
사용성	한국	3.11	.92	-2.22	.028	환경성	한국	2.74	.99	-4.04	.000
	중국	3.41	.93				중국	3.36	1.11		
신뢰성	한국	3.68	.76	-.17	.863	기타	한국	3.06	.98	-1.22	.225
	중국	3.70	.93				중국	3.24	1.16		

유행에 민감하게 반응할 수 있는 의류상품에 관련한 분석결과를 살펴보면, 히트 의류상품 구매결정을 할 때, 3가지의 구매결정 요인들에 대한 견해가 두 나라 대학생들 간의 유의한 차이를 보이고 있다. 즉, 12개의 주요요인들 가운데 오직 안심성, 사용성, 환경성에 대한 중요도 인식에서 유의수준 α=.05에서 의미 있는 차이가 있는 것으로 나타났다. 나머지 구매결정 요인들에 대해서는 국적에 따른 차이는 없는 것으로 나타났다.

2) 한국 및 중국 대학생들의 국적별 성(性)별에 따른 집단 간의 차이 검정

한국과 중국 두 나라 대학생들이 히트상품을 구입할 때 중요한 구매결정 요인으로 고려하는 요인들이 국적집단 내 성별로 차이가 있는지 분석하고자 T검정을 하였다.

<표 38> 국적집단 내 성별 식료품 히트상품 구매결정 요인들의 비교

요인	국가		평균	표준편차	t 값	p 값	요인	국가		평균	표준편차	t 값	p 값
기능성	한국	남	2.69	.84	-1.98	.051	상표성	한국	남	3.45	.71	-.56	.578
		여	3.02	.73					여	3.54	.80		
	중국	남	3.03	1.17	-1.83	.070		중국	남	3.32	1.19	-1.01	.315
		여	3.44	.99					여	3.56	1.02		
심미성	한국	남	3.07	.78	-1.68	.096	보증성	한국	남	2.98	1.02	-.11	.912
		여	3.35	.82					여	3.00	1.01		
	중국	남	3.29	.90	-1.31	.192		중국	남	3.29	1.01	-.18	.857
		여	3.54	.89					여	3.33	1.15		
경제성	한국	남	3.38	.80	.03	.973	유통성	한국	남	3.50	.63	-1.33	.188
		여	3.38	.87					여	3.67	.56		
	중국	남	3.77	.67	.93	.357		중국	남	3.39	1.09	.77	.446
		여	3.63	.91					여	3.19	1.21		
안심성	한국	남	2.98	1.00	-.79	.432	광고이미지	한국	남	3.43	.86	-1.23	.221
		여	3.15	1.03					여	3.65	.81		
	중국	남	3.42	1.21	-1.93	.056		중국	남	3.65	.92	1.01	.315
		여	3.88	1.05					여	3.46	.84		
사용성	한국	남	3.36	.76	1.24	.220	환경성	한국	남	3.05	.96	-.19	.847
		여	3.15	.85					여	3.08	.79		
	중국	남	3.39	.88	.61	.544		중국	남	3.19	1.05	-1.40	.165
		여	3.25	1.11					여	3.50	1.01		
신뢰성	한국	남	3.10	.79	-1.78	.079	기 타	한국	남	2.93	1.00	-.61	.546
		여	3.38	.70					여	3.04	.77		
	중국	남	3.52	1.00	-.26	.799		중국	남	3.35	.84	.48	.636
		여	3.57	.96					여	3.25	1.10		

국적집단 내에서의 성별차이가 식음료 히트상품을 구입할 때 나타날 수 있는 차이 검정의 결과, 같은 나라 대학생들 간에는 성별차이는 12개의 모든 요인들에 대해서 유의수준 α=.05에서 의미 있는 차이가 없는 것으로 나타났다.

〈표 39〉 국적집단 내 성별 핸드폰 히트상품 구매결정 요인들의 비교

요인	국가		평균	표준편차	t 값	p 값	요인	국가		평균	표준편차	t 값	p 값
기능성	한국	남	3.40	.80	-1.47	.146	상표성	한국	남	3.57	.89	-1.08	.282
		여	3.67	.88					여	3.77	.86		
	중국	남	3.68	1.14	-.49	.625		중국	남	3.42	1.29	-1.18	.243
		여	3.79	1.06					여	3.71	1.08		
심미성	한국	남	3.48	.94	-1.92	.058	보증성	한국	남	3.38	.99	-1.96	.054
		여	3.85	.92					여	3.77	.91		
	중국	남	3.71	.94	.67	.505		중국	남	3.58	1.15	-.08	.939
		여	3.57	.99					여	3.60	.94		
경제성	한국	남	3.24	1.01	-2.26	.027	유통성	한국	남	2.86	1.03	-.18	.855
		여	3.67	.75					여	2.90	.97		
	중국	남	3.19	.91	-1.38	.172		중국	남	3.10	1.19	.67	.503
		여	3.49	1.02					여	2.94	.99		
안심성	한국	남	3.12	1.02	-.82	.416	광고이미지	한국	남	3.29	1.02	-2.16	.034
		여	3.27	.74					여	3.69	.69		
	중국	남	3.39	.92	-.81	.420		중국	남	3.65	.89	1.49	.139
		여	3.57	1.10					여	3.35	.95		
사용성	한국	남	3.60	.80	.72	.476	환경성	한국	남	2.79	1.07	-.22	.824
		여	3.46	.99					여	2.83	.95		
	중국	남	3.68	1.17	1.18	.246		중국	남	3.32	1.01	.25	.802
		여	3.40	1.11					여	3.26	1.11		
신뢰성	한국	남	3.43	9.41	-1.14	.256	기 타	한국	남	2.93	1.09	-1.16	.250
		여	3.65	.86					여	3.17	.86		
	중국	남	3.71	1.07	-.76	.451		중국	남	3.68	1.08	.44	.662
		여	3.88	.99					여	3.57	1.17		

국적집단 내에서의 성별차이에 따른 핸드폰 히트상품 구입성향의 차이를 검정한 결과를 보면, <표 39>에서 보는 바와 같이 핸드폰 히트상품을 구입할 때, 한국대학생들이 성별차이는 경제성과 광고이미지에 대한 선호도에서 유의수준 α=.05에서 차이가 있는 것으로 나타났다. 한편 중국대학생들의 성별차이는 구매성향에 차이를 전혀 유발하지 않는 것으로 분석되었다.

<표 40> 국적집단 내 성별 의류 히트상품 구매결정 요인들의 비교

요인	국가		평균	표준편차	t 값	p 값	요인	국가		평균	표준편차	t 값	p 값
기능성	한국	남	2.95	1.04	-1.76	.081	상표성	한국	남	3.40	.89	-3.48	.001
		여	3.31	.90					여	4.00	.72		
	중국	남	3.23	.85	-.65	.515		중국	남	3.55	.93	.16	.876
		여	3.36	1.01					여	3.51	1.06		
심미성	한국	남	3.45	.74	-1.54	.128	보증성	한국	남	3.24	.82	-1.53	.129
		여	3.73	.94					여	3.50	.80		
	중국	남	3.74	.93	.22	.827		중국	남	3.13	1.15	-1.69	.094
		여	3.69	1.04					여	3.51	1.02		
경제성	한국	남	3.36	.73	-1.94	.056	유통성	한국	남	2.71	1.00	-2.13	.036
		여	3.67	.78					여	3.17	1.02		
	중국	남	3.68	1.11	.76	.452		중국	남	3.06	.85	-.93	.358
		여	3.50	1.09					여	3.25	1.10		
안심성	한국	남	3.05	1.15	.03	.978	광고이미지	한국	남	3.36	.85	-1.30	.196
		여	3.04	.87					여	3.58	.79		
	중국	남	3.55	1.03	.84	.402		중국	남	3.35	.76	-1.00	.322
		여	3.36	1.04					여	3.54	1.10		
사용성	한국	남	3.00	.99	-1.08	.285	환경성	한국	남	2.69	1.07	-.48	.631
		여	3.21	.85					여	2.79	.92		
	중국	남	3.90	.91	3.76	.000		중국	남	3.32	1.14	-.22	.827
		여	3.19	.87					여	3.38	1.11		
신뢰성	한국	남	3.57	.83	-1.24	.217	기 타	한국	남	2.88	1.06	-1.60	.113
		여	3.77	.69					여	3.21	.87		
	중국	남	3.71	.69	.09	.930		중국	남	3.10	1.30	-.84	.404
		여	3.69	1.02					여	3.31	1.10		

T검정 결과인 <표 40>을 보면, 한국대학생들이 의류 히트상품을 구입할 때, 한국의 남녀 대학생들 간의 상표성 및 유통성에 대해서 각각 유의수준 α=.01 및 α=.05의 수준에서 선호도의 차이가 있는 것으로 나타났다. 한편 중국 남녀 학생들 간에는 사용성에서만 유의수준 α=.01에서 의미 있는 차이가 있는 것으로 나타났다.

제4절 히트상품 구매결정 요인 요약

본 장에서 한국과 중국의 히트상품에 대한 대학생 고객의 구매결정 성향을 연구한 주요결과는 다음과 같다.

첫째, 본 연구에서 조사된 히트상품들의 구매결정을 할 때, 전반적으로 한국대학생들은 상표성을 가장 소중하게 고려하였으며, 중국대학생들은 신뢰성과 안심성을 중요하게 고려하였음을 알 수 있다.

둘째, 히트상품을 구매할 때 대학생들의 국적별 및 상품의 종류별로 중요구매 결정요인들에 대한 선호도 순위가 다름을 알 수 있다. 식음료의 경우 한국대학생들은 광고이미지, 유통성 및 상표성을, 중국대학생들은 안심성, 경제성, 및 상표성을 가장 중요한 구매결정 요인으로 고려하며, 핸드폰을 구매할 경우에는, 한국대학생들은 상표성, 보증성, 및 심미성을, 중국대학생들은 신뢰성, 기능성 및 기타요인을 중요결정 변수로 고려하고 있었다. 한편, 의류상품의 경우는 한국대학생들은 상표성, 신뢰성, 경제성을, 중국대학생들은 심미성, 신뢰성, 경제성을 가장 중요한 변수로 각기 다른 선호도를 보였다. 그런데 두 번째 및 세 번째 선호요인은 두 나라의 대학생들이 동일하게 신뢰성과 경제성을 중요하게 고려하는 것으로 나타났다.

셋째, 국적별 및 성별 차이 검정의 결과를 통해서 주요 구매결정 요인들에 대한 선호도의 차이가 존재함이 밝혀졌다.

식음료 히트상품을 구입할 때, 12개의 주요요인들 가운데 기능성, 심미성, 경제성, 안심성, 신뢰성, 보증성, 유통성, 환경성, 기타요인이 유의수준 $\alpha=.05$에서 의미 있는 차이가 있는 것으로 나타났다. 한국대학생들은 유통성을 중국대학생들보다 더 중요한 변수로 고려하며, 중국대학생들은 식품의 안심성과 경제성을 한국대학생들보다 더 중요한 구매결정 요인으로 보는 경향이 있는 것으로 파악되었다.

핸드폰 히트상품에 관련하여, 유의수준 $\alpha=.05$에서 의미 있는 차이가 있는 부분은 12개의 주요요인들 가운데 안심성, 신뢰성, 환경성 및 기타요인인 것으로 나타났다. 한편 의류상품의 경우, 안심성, 사용성, 환경성에 대한 중요도 인식에서 유의수준 $\alpha=.05$에서 의미 있는 차이가 있는 것으로 유추할 수 있다.

국적집단 내에서의 성별차이가 히트상품 구매결정에 미치는 성향을 유의수준 α=.01에서 분석한 결과를 보면, 식음료 히트상품 구매에는 성별차이는 12개의 모든 요인들에 대해서 구매성향에 차이가 없는 것으로 나타났다. 핸드폰 히트상품의 경우, 한국대학생들은 경제성과 광고이미지에 대한 선호도에서 차이가 존재하며, 중국의 경우는 성별 구매성향의 차이가 있는 요인은 없는 것으로 분석되었다. 의류 히트상품의 경우, 한국의 남녀 대학생들 간에는 상표성 및 유통성에 대해서, 중국 남녀 대학생들 간에는 사용성에서만 의미 있는 차이가 있는 것으로 추정된다.

넷째, 대학생들을 대상으로 조사 및 분석된 히트상품의 경우, 어느 한 요인에 의해서 결정된다고 볼 수 없으며, 오히려 중요한 여러 요인과 속성들에 대해서 고객을 충분히 만족시켜줄 수 있어야 함을 <그림 5>에서부터 <그림 12>의 정보를 통해서 알 수 있다.

소비자 욕구조사는 히트상품의 개발과정에서 가장 기초가 되는 부분이다. 이와 같은 결과를 감안할 때, 두 나라 기업인들이 미래의 중요한 고객이 될 대학생 고객들의 히트상품에 대한 성향을 파악하는 것은 신상품 개발이나 제품품질 개선활동에 매우 중요할 것으로 보인다.

본 연구는 제한된 표본과 중국의 랴오닝 성과 한국의 수도권 및 영서 지역 대학생들만을 대상으로 조사된 점과 감수성이 민감한 연령층을 대상으로 1회의 조사로 수행된 한계가 있다.

중국제조기업의 품질경영

제1절 중국제조업의 품질경영 현황

본 연구의 대상인 중국은 각종 상품을 전 세계적으로 가장 많이 공급하는 나라이다. 그런데 2008년 중국의 한 회사가 멜라민(melamine) 화학원료를 분유 및 과자류에 사용한 불량·유해한 상품을 전 세계적으로 공급함으로써 엄청난 폐해를 일으킨 바 있다. 2009년 최근 중국산 가죽소파를 수입한 영국에서 그 상품의 곰팡이 억제제인 DMF(dimethyl fumarate)의 화학작용으로 1,600명 이상의 피부발진과 1명이 사망한 사고가 발생한 바 있다.

이와 같은 사례는 경영자의 양심문제가 근원적인 문제일 수 있겠지만, 중요한 것은 소비자가 안심하고 사용할 수 있는 우량상품을 생산 공급하는 것의 중요성은 아무리 강조해도 지나침이 없다는 것이다. 그런데 중국의 대표적인 품질경영학자인 張公緖에 따르면, 중국 대부분의 기업이 3시그마 경영수준에 있다(丁鎣, 2005).

중국 현지 제조공장의 현재 품질경영의 수준이 한국보다 상당이 저조한 상황이며, 중국의 경제운용 체제가 한국과 달리 사회주의이므로 두 나라 제조기업의 주요경쟁력 향상 요인 간에는 상호 다른 결과가 있을 수 있을 가능성이 있다. 그러므로 한국에서 중국으로 진출한 기업 또는 중국으로 진출하고자 하는 기업이 단순히 상대적으로 저렴한 중국 현지의 인건비만을 매력적인 요인으로 고려하기보다는 품질경영 능력의 향상을 통한 사업성과 향상을 고려하는 전략적 검토가 매우 필요한 상황으로 추정된다.

따라서 세계의 거대시장 및 공장이 있는 중국에 진출해 성공적 경영성과를 얻기 위해서는 품질향상을 통해 기업경쟁력을 강화할 수 있는 6시그마 경영기법을 중국제조기업에 효과적으로 적용시킬 수 있는 방안을 강구해야 할 것이다.

1980년대 후반 모토로라에서 생산현장의 무결점운동으로 시작되었던 6시그마 경영기법은 모토로라, GE 및 삼성 SDI를 비롯한 많은 기업이 이 기법을 이용하여 막대한 경영성과 개선을 달성한 바 있다(배영일, 2002; 배영일·조영균, 2005). 중국산 가죽소파 및 멜라민의 사례는 우량품질의 중요성을 경시하던 (중국)기업에게는 위기이지만, 우수한 품질향상을 기반으로 경쟁력을 구축해온 기업에게는 성장 발전의 좋은 기회가 될 수 있을 것이다.

세계적으로 주목을 받고 있는 중국시장에의 한국기업 진출이 생산과 마케팅 차원에서 매우 중요함에도 불구하고 6시그마를 수단으로 한 한국학자의 중국에서의 기업경쟁력을 다룬 논문이 매우 드물었다. 그리고 중국학자의 6시그마 경영에 대한 이론적인 연구와 사례연구는 적지 않지만 성공요인에 대한 실증연구는 매우 미흡한 실정이다. 그러므로 한국을 대상으로 한 선행연구에서 6시그마 경영의 성공요인으로 가장 많이 다루어진 리더십, 인적자원 개발 및 커뮤니케이션 등에 대한 중국에서의 실증분석은 이론적으로나 실무적으로 매우 의미가 있을 것이다.

제2절 품질경영

1. 시그마의 개념 및 6시그마 경영의 의의

6시그마 운동은 1992년 미국이 제품과 공정에서 불량률을 과감히 감소시킬 필요가 있어 보잉사, IBM, 기타 등의 수많은 기업에서 품질의 지속적인 개선 및 향상 노력의 일환으로 전개되었다(안상형·이관석·이명호, 2008). 시그마는 원래 정규분포에서 표준편차를 나타낸다. 3시그마(σ)는 3표준편차인 100개 중 6.7개의 불량률(Defects per million opportunities, DPMO)을 추구한다는 의미이며, 6시그마는 100만 개 가운데 3.4개 정도의 불량률을 허용함을 뜻한다. 기업이 시그마(σ)의 수준을 높게 정할수록 불량률을 더욱 줄이며 기업의 경쟁력 향상을 추구하는 기업경영을 하려는 것으로 해석될 수 있다.

〈표 41〉 시그마 수준별 불량률

시그마 수준	불량률	ppm
2시그마	.31	308,537
3시그마	.067	66,807
4시그마	.007	6.210
5시그마	.0002	233
5시그마	.0000034	3.4

아오키 야스히코·미타 마사히도·안도 유카리(1999)에 따르면, 6시그마 경영의 기본개념은 이익을 창출하는 것이다. 한편 Harry·Schroeder(2000)는 "자원의 낭비를 극소화하는 동시에 고객만족을 증대시키는 방법으로 일상적인 기업활동을 설계하고 관리하여 수익성을 엄청나게 향상시키는 비즈니스 프로세스다"라고 정의하였다. 따라서 6시그마 경영

은 불량률이 제로에 가까운 완벽품질의 상품생산을 통해서 기업의 경쟁력을 확보하는 것으로 보아도 무방할 것이다.

2. 6시그마 경영의 성공요인

6시그마 경영의 성공요인에 관한 선행연구를 살펴보면, Harry · Schroeder(2000)는 6시그마 경영의 성공요인을 최고경영층의 리더십, 조직 내 모든 계층의 교육, 벨트제도 운영, 재무성과에 대한 평가, 6시그마 성과에 대한 보상 등 5가지 원칙을 제시하였다. Antonny · Banuelas(2002)는 6시그마 경영의 성공요인을 훈련, 프로젝트 관리기술, 프로젝트 선정, 툴(Tool) 및 기법이해, 사업전략 연계, 고객관점, 인사제도 연계한 벨트제도, 협력사 협업추진, 방법론 개발, 데이터 수집 시스템 등 요인을 제시하였다.

Byrne(2003)은 강력한 리더십 또는 비전 리더십, 강력한 기업 인프라, 블랙벨트의 역량 등의 요인을 제시하였다. 그리고 Hahn(2005)은 재무적 성과, 최고경영자의 지원과 열정, 과학적 접근의 프로세스 개선, 고객요구 이해와 만족도, 교육훈련을 통한 인재개발, 6시그마 전담조직 운영 등 요인을 제시하였다. Viseras · Baines · Sweeney(2005)는 추진 인프라 구축, 경영진 참여, 교육훈련, 프로젝트 선정, 종업원 참여, 신제품 개발 적용, 고객정보 수집, 회사전략 연계, 협력사 연계추진, 추진조직 구성 등 요인을 제시하였다. Hahn · Hill · Hoerl · Zinkgraf(1999)는 재무적 성과, 최고경영자의 지원과 열정, 과학적 접근의 프로세스 개선, 고객요구 이해와 만족도, 교육훈련을 통한 인재개발 등의 요인을 제시하였다.

한편 김계수(1999)는 6시그마의 성공요인으로 최고경영자의 강력한 리더십, 프로세스 개선, 제품과 서비스 품질개선을 제시하였다. 신동설

(2001)은 경영층의 리더십, 블랙벨트 수준, 지원시스템을 6시그마 핵심 성공요인으로 제시하였다. 이건창·최봉·권순재(2004)는 6시그마 활동을 수행해온 국내 대기업의 관련인력을 대상으로 한 6시그마 경영활동 연구에서 정보체계, 커뮤니케이션, 교육과 훈련, 그리고 정책 및 제도를 6시그마 경영활동의 핵심요인으로 제시하였다.

본 연구는 상품의 품질향상을 통한 기업의 경쟁력 향상에 초점을 맞추고 있는데, 중국의 품질경영 수준이 6시그마를 목표로 하고 있지만 현재 대부분의 중국기업이 2시그마 내지는 3시그마 수준에 있다. 그러므로 조사대상 기업 대부분이 아직은 도입 적용하지 않고 있는 요인인 '벨트제도 운영', '프로젝트 관리기술', '사업전략 연계' 및 '협력사 연계추진', 기타 등을 연구대상에서 제외하고 나머지 요인 가운데 가장 공통적으로 많이 다루어진 기본적인 것인 리더십, 인적자원 개발 및 커뮤니케이션 요인을 품질향상에 영향을 주는 독립변수로 선정하였다.

제3절 품질경영 중요요인

1. 리더십과 품질향상의 관계

목적이나 목표를 효과적으로 달성하기 위해 구성원 간에 자연스럽게 역할분화가 일어나게 되고, 그러한 다양한 역할분화의 한 형태인 리더-부하라는 역할분화에서 리더 역할을 담당한 사람에게 맡긴 가장 근본적이면서도 중요한 임무는 집단이 당면한 과제를 효율적, 효과적으로 달성하도록 구성원의 활동을 구조화하는 여러 가지 행동이나 조치 또는 활동인데 이것을 통틀어서 리더십이라고 지칭한다(남기덕, 2008).

Koontz·O'Donnel(1972)는 리더십을 주어진 상황에서 구체화된 목표를 달성하려는 노력으로서 효과적 의사소통을 활용하여 이루어지는 대인관계적인 영향력으로 정의하였고, Bass(1990)는 리더십을 일정한 상황에서 구성원의 목표를 달성할 수 있도록 영향력을 행사하는 행위로 정의하였다.

모든 기업 경영전략은 최고경영자의 강력한 리더십이 필요하고 종업원의 호응이 있는 경우에만 성공할 수 있는데, 효과적인 품질향상 방법의 한 유형인 6시그마의 경우도 예외가 아니다(박성현·이명주·정목용, 2001). Anderson(1994)은 최고경영자의 조직관리 및 리더십은 경영혁신활동의 성공적 추진을 위한 중요요소이며, 이는 소비자 만족도, 품질향상, 직무만족 등 경영성과에 긍정적인 영향을 미친다고 하였다. 장형걸·김광수(2007)의 연구결과에서 보면, 경영층의 리더십 및 참여는 품질향상에 긍정적 영향이 미치는 것으로 나타났다. 그리고 이범재(2007)의 연구결과에서도 6시그마 성공결정 요인 가운데 리더십 요인이 품질성과에 긍정적인 영향을 미치는 것으로 나타났다.

'경영층의 리더십은 품질향상에 긍정적 영향을 미친다'는 기존의 연구결과는 자본주의의 기업문화가 정착된 상황에서 성공적인 6시그마의 추진결과로 볼 수 있다. Juran(1993)은 기존 미국기업이 품질향상 노력에 실패한 원인으로 최고경영자의 품질에 관한 무관심을 지적하였다. 중국과 같은 경직적인 기업문화를 보이는 사회주의 국가의 기업경영에서 최고경영자의 품질에 대한 관심도 그다지 높지 않을 것으로 판단되지만 선행연구의 결과를 바탕으로 리더십과 품질향상 간에 긍정적인 영향관계가 존재할 것인지를 밝혀내기 위해서 다음과 같은 가설을 설정하였다.

가설 1: 리더십은 품질향상에 정(+)의 영향을 미칠 것이다.

2. 인적자원 개발과 품질향상의 관계

품질향상을 체계적으로 추구하기 위해서는 품질관리, 품질경영에 필요한 전문요원을 양성하여 해당부서에 배치하여 과학적, 조직적으로 품질개선 활동을 추진해야 한다. 이러한 측면에서 McLagan·Suhadolnik (1989)는 인적자원 개발의 구성요소에 교육훈련, 조직개발, 경력개발이 있다고 하였다. 또한 Mondy·Noe(1990)는 인적자원 개발의 구성요소로 훈련 및 개발, 경력계획 및 개발, 수행보상을 제시하였다. McCracken·Wallace(2000)는 학습문화를 통한 기업에서의 전략적 인적자원 개발을 강조하였다.

인적자원 개발에 요구되는 교육과 훈련이란 "6시그마 활동을 지속적으로 수행하기 위한 조직차원의 학습활동"으로 정의할 수 있으며(Heuring, 2004), 6시그마 경영에 관련된 인적자원 요인은 역량과 역할에 따라 챔피언, 마스터 블랙벨트(MBB), 블랙벨트(BB), 그린벨트(GB), 팀원 등으로 구분되며 <표 42>와 같이 정리된다(박성현·이명주·정목용, 2001). 기업의 여러 프로젝트를 신속하게 완성하기 위해서는 6시그마 블랙벨트의 정신적 집중력과 민첩성에 달려 있기 때문에 6시그마를 성공적으로 이끌기 위해서는 블랙벨트의 역할이 대단히 중요하다(Harry·Schroeder, 2000).

〈표 42〉 6시그마 경영의 인적자원과 역할

구분	주요인력	역할
챔피언	사업부 책임자	- 6시그마 목표설정 및 전략 수립 - 6시그마의 이념 확산 및 추진방법의 확정
마스터 블랙벨트	전문 추진지도자(전업)	- 품질요원 지도교육 및 감독 - 품질기법의 이전
블랙벨트	전담요원(전업)	- 6시그마 프로젝트 추진

그린벨트	현업담당자(모든 임직원 포함)	- 6시그마 교육을 받은 요원으로, 현 조직에서 업무를 수행하면서 부분적으로 개선활동에 참여
화이트벨트	현업담당자(모든 임직원 포함)	- 품질관리의 기본자질을 습득한 모든 사람

인적자원 개발과 품질향상의 영향관계에 관련된 연구결과를 살펴보면, Gilley·Eggland(1989)의 연구에서는 인적자원 개발이 업무수행 개선, 비용절감, 품질개선, 조직경쟁력 강화에 효과가 있는 것으로 보고 있으며, Adam Jr.(1994)는 인적자원 개발의 결과가 품질성과(e.g., 불량률, 품질비용 등), 비재무적 성과(e.g., 이직률, 직원만족도, 생산성 증가 등), 재무적 성과(e.g., 매출증가율, 자산수익률 등)에 영향을 주는 것을 밝혔다.

장형걸·김광수(2007)의 연구결과를 보면, 훈련 및 교육은 품질향상에 긍정적인 영향을 미치는 것으로 나타났고, 이범재(2007)의 연구에서는 대기업의 교육 훈련의 효과가 중소기업보다 품질성과에 더 긍정적인 영향을 미친 것으로 나타났으며, 이건창·최봉·권순재(2004)의 연구결과에서도 체계적인 교육과 훈련은 품질향상에 긍정적인 영향을 미치는 것으로 나타났다. 이를 바탕으로 가설을 설정하면 다음과 같다.

가설 2: 인적자원 개발은 품질향상에 정(+)의 영향을 미칠 것이다.

3. 커뮤니케이션과 품질향상의 관계

인간의 의사, 지식, 감정 또는 각종 자료, 정보를 공간적인 거리에 무관하게 상호 주고받는 것을 커뮤니케이션이라 하는데 6시그마 경영활동에서 커뮤니케이션이란 조직 내의 모든 구성원에게 알리고 개념을 공유하는 모든 활동으로 정의할 수 있다(Gale, 2003). Damanpour(1991)는 조직 내부의 의사소통이 원활할수록 일반구성원의 혁신성향이 높다고 했다.

6시그마 방법론에서도 프로세스 및 조직에서 공유하고 있는 프로세스 결함(오류, 불량 등)을 찾아내고 줄이기 위해 부문 간 커뮤니케이션을 통한 협조관계를 유지 및 향상시키는 것이 중요하다(Samuels · Adomitis, 2003).

Berkley · Gupta(1995)는 6시그마 경영과 관련된 대부분의 정보는 사람 간의 상호 연계과정을 통해 습득된다고 지적하고 있으며, Rowlands(2003)는 6시그마의 성공요인으로 6시그마가 조직의 미션, 비전, 목표, 사업계획 등의 한 부분으로 통합되어야 하며, 조직 내 모든 구성원이 6시그마의 개념을 이해하고 공유할 수 있는 기업문화의 변화가 필요하다고 한다. Saad · Siha(2000)에 따르면, 6시그마의 효율적인 실행을 위해서는 전사 차원의 모든 기능의 협조적인 노력과 태도가 요구된다.

Wiklund · kan · Wilund(2005)는 부서 및 기능을 초월한 정보와 지식의 지속적인 흐름이 조직혁신의 중요한 원동력이 된다고 하였다. 장형걸 · 김광수(2007)의 연구결과에서 보면, 구성원 간의 커뮤니케이션은 불량률 감소에 긍정적 영향을 미치는 것으로 나타났고, 이건창 · 최봉 · 권순재(2004)의 연구결과에서도 원활한 커뮤니케이션은 품질향상에 긍정적인 영향을 미치는 것으로 나타났다.

백권호 · 장수현(2007)은 중국의 뿌리 깊은 관계지향형(꽌시) 문화의 내부지향성 때문에 환경, 소비자 및 고객에 대한 관심과 배려가 취약하다. 또한 내부지향형의 문화에서의 통제방식은 위계질서 중심으로 이루어진다(백권호 · 장수현, 2007). 그러므로 중국은 많은 경우 상급자가 작업지시를 하면 현장상황에 밝은 종업원 대부분은 그 지시가 현장상황에

맞지 않음을 앎에도 상급자의 지시에 복종하는 경향이 크다.

2008년 현재 중국기업 문화의 형태를 잘 설명하는 것의 하나로 법리형 기업문화(legalistic organization culture)가 있는데 이것은 기업의 규정, 규칙의 권위성, 강제성, 안정성을 강조하여 제도적으로 구성원의 행위를 제약하는 기업문화를 의미한다(양리화·김진학, 2008; 趙常林, 1999). 한편 노창균·윤광운(2003)의 연구결과에 의하면, 중국기업은 고객요구에 대한 피드백이 빠르게 현장에 잘 전달되고 있으며 부서별 책임 및 권한이 뚜렷하게 구별되고 확정되는 게 장점인 반면에 방침관리에 대한 효과성 분석미흡과 경영검토에 대한 이해부족으로 형식적으로 진행되는 경우가 있으며 생산 위주의 경영으로 치우치는 경향이 있다.

백권호·장수현(2007)에 따르면, 중국인은 문제가 발생하면 그 문제의 합법적인 측면인 법리(法理)와 합리적 측면인 합리(合理) 그리고 인간관계에서 발생하는 정리(情理)를 동시에 고려해서 중용을 택하는 경향이 강하다. 이러한 융통성 있는 기업문화로 인하여, 다른 나라의 경우는 기업의 공식화된 규정이나 제도는 일반적으로 지위 고하를 막론하고 이를 위반하거나 혹은 위법을 범한 자에게 제도와 규정에 의거하여 자동적으로 응분의 징벌을 받는 것이 통상적인 규범이다. 그러나 중국의 경우 합리적인 사항에는 쉽게 수용하는 문화적 경향이 있는데 이에 따라 합리적인 것이 합법적이지 않은 경우에는 오히려 법이 비합리적인 것이라고 간주되기도 한다.

이상의 논의를 종합하면 법리형 또는 위계질서형의 문화가 지배적이라면 커뮤니케이션이 품질향상을 포함한 기업경쟁력 강화활동에 영향을 미치지 않을 것이다. 합법성보다 주관적인 해석이 관련되기 쉬운 합리성 및 융통성이 중요시되는 지배적인 기업문화일 경우에는 커뮤니케이션이 품질향상에 의미 있는 영향을 미칠 것이다.

가설 3: 커뮤니케이션은 품질향상에 정(+)의 영향을 미칠 것이다.

4. 품질향상과 기업경쟁력의 관계

기업경쟁력의 정의에 관련된 기존의 연구결과를 살펴보면, "경쟁회사보다 많은 경제적 가치를 창출하는 능력"으로(Barney · Hesterly, 2006), "해당산업에서 경쟁기업보다 낮은 원가, 높은 기술력 및 브랜드력을 유지할 수 있는 능력"(정구현, 1994), 기업경쟁력과 관련하여 모든 사람들이 받아들이는 표준적 개념은 아직 정립되어 있지 못하다 지적하였으며(이승훈, 2005), 또는 기업성과를 수익성과와 품질성과로 나누어 측정할 수 있으며, 6시그마는 제품과 서비스의 품질을 향상시켜 경쟁력을 강화시키는 것은 물론 기업의 수익성을 향상시킨다(신동설, 2001).

6시그마는 품질개선에 있어서 확고한 방법론이기 때문에 품질 및 기업경쟁력 향상에 크게 도움이 되며(Blakeslee Jr., 1999), 6시그마 목표를 달성하기 위해 총력을 기울이는 회사는 구체적으로 <표 43>과 같이 매년 좋은 성과가 기대된다(Harry · Schroeder, 2000).

〈표 43〉 6시그마 시행결과

구분	성과
수익향상	20%
생산능력증대	12~18%
종업원 수	12%
자본지출감소	10~30%

한편 품질관리는 제2차 세계대전 이후, 산업계에서 본격적으로 다루어져 왔으며 중요성이 높아지며 많은 관심과 연구가 진행되고 있다. 품

질의 정의는 Juran이 설명한 "사용적합성"으로부터, Taguchi가 설명한 "사회에 끼치는 손실"로 범위가 넓어지고 있다. 그리고 품질의 개념도 생산자 중심에서 소비자 중심으로 변화하고 있다(류제복 · 유정빈 · 김선웅, 2004).

현대의 품질은 소비자가 바라는 제품이나 서비스에 대한 기능적, 비기능적 품질을 기반으로 하며 그것이 사회 전체에 미치는 모든 경향을 고려하는 포괄적인 것일 때 의미를 지니며(조국진, 2000), 품질이 기업의 명성, 이미지에 지대한 영향을 끼치므로 열악한 제품과 서비스를 판매하는 기업은 단기적으로 기업의 명성이 떨어지고 장기적으로는 시장에서 사라지게 된다(오수경, 2004).

Garvin(1984)의 품질과 수익성과의 관계에 관한 연구결과에 의하면 품질이 향상되면 생산성과 시장점유율이 향상되고, 원가가 절감되며, 따라서 수익성이 향상된다. Adam Jr(1994)에 따르면 품질개선 활동이 기업의 운영성과 및 재무적 성과와 높은 상관성이 있으며, 양승권(2007)의 연구결과를 보면, 6시그마 성공요인에 의한 품질성과, 즉 원가절감과 품질향상은 매출액 증가, 영업이익 증가 그리고 시장가치 증대에 유의한 영향을 미치는 것으로 나타났다. 그리고 이건창 · 최봉 · 권순재(2004)의 연구결과에 따르면, 품질향상은 기업경쟁력에 긍정적인 영향을 미친다.

한편 손성진(2009)은 TQM과 6시그마와 같은 품질경영 도입과 경영성과 간의 관계에 관한 연구결과가 모두 긍정적인 것은 아니라고 하였다. 권영훈(2006)은 품질경영 활동을 추진하여 경영성과를 실현시키기 위한 실증연구에서 고객성과의 개선을 통한 직접효과와 품질성과와 고객성과의 개선을 통한 간접효과만 유의하고 품질성과의 매개효과는 발견할 수 없다고 하였다. 이와 같은 상반되는 선행연구를 바탕으로 품질향상과 기업경쟁력의 관계를 규명하기 위해서 다음의 가설을 설정하였다.

가설 4: 품질향상은 기업경쟁력에 정(+)의 영향을 미칠 것이다.

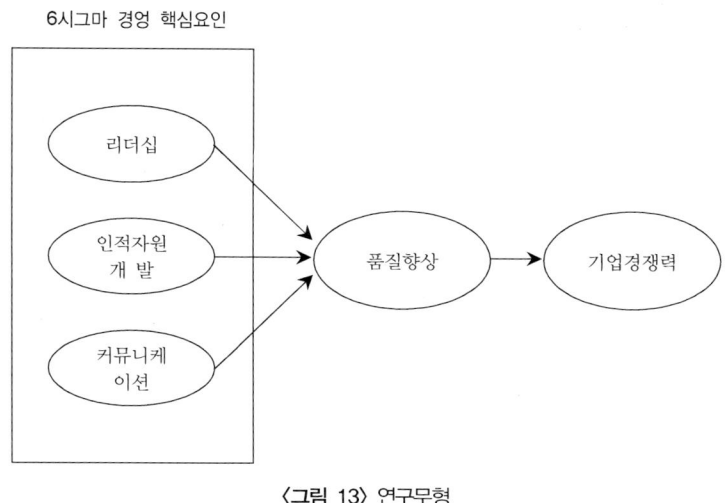

<그림 13> 연구무형

제4절 변수의 구성개념 및 표본조사

1. 변수의 구성개념

비록 중국기업이 6시그마 수준의 품질경영을 목표로 하고 있으나, 현재는 3시그마 수준의 품질경영을 하고 있다. 조사하고자 하는 구성개념을 측정하기 위해서 요구되는 측정항목을 국내외 연구자의 관련 선행연구를 분석·검토한 후 본 연구의 목적에 적합한 항목을 선정하였다.

중국기업이 기업경쟁력 향상목표를 효과적으로 달성하기 위해서 필요한 주요변수인 리더십, 인적자원 개발, 품질경쟁력 및 기업경쟁력은 다음과 같은 측정항목을 <표 44>와 같이 정리하였다.

〈표 44〉 변수의 구성개념과 측정항목

변수	구성개념	측정항목	연구자
독립 변수	리더십	- 최고경영층의 6시그마에 대한 관심 정도 - 최고경영층이 6시그마 도입목표와 목적, 비전을 조직구성 원에게 제시하는 정도 - 최고경영층의 6시그마 추진 참여 정도 - 최고경영층의 전담조직 추진능력 - 최고경영층의 6시그마 성과결과를 경영전략 수립에 반영 하는 정도	Blakeslee Jr.(1999) Harry and schroeder(2000) 신동설(2001)
	인적자원 개발 (교육/훈련)	- 업무와 연계된 훈련 여부 - 다양한 분석도구에 대한 훈련 정도 - 지속적인 교육실시의 빈도	Antony and Banuelas(2002) Ricardo and Antony(2002)
	커뮤니 케이션	- 회사의 전략을 전 조직원이 공유하는 정도 - 부서/부문 간 원활한 의사소통 - 6시그마 관련 주요정보의 공유 정도	Saad and Siha(2000) Samuels and Adomitis(2003)
매개 변수	품질향상	- 6시그마 경영을 통한 품질향상 - 6시그마 경영을 통해 저품질 비용의 발견빈도 - 6시그마의 자사 및 공급업체의 품질향상에의 기여	Blakeslee Jr(1999) Heuring(2004)
종속 변수	기업경쟁력	- 품질향상의 기업경쟁력 강화에의 유용성 - 6시그마를 통한 재무성과 향상에의 기여도 - 6시그마의 조직의 업무효율성 향상에의 기여도	Blakeslee Jr(1999) Heuring(2004)

2. 표본조사

현재의 중국기업의 목표는 6시그마 경영이지만, 품질관련 경영수준은 대체적으로 3시그마 수준일 정도로 초보단계이다. 따라서 표본은 삼차 산업보다 품질경영 성과의 측정이 쉽고 결과가 명확한 이차 산업이 발달한 지역인 심양시의 기계설비, 의약품, 식품, 기타 등의 다양한 회사로 선정하였다. 조사된 기업 대부분이 3시그마 수준의 품질경영을 하고 있었다.

설문조사 시에 적지 않은 기업의 응답거부를 받았으며 직접방문 설문조사를 의뢰한 결과 93부가 회수되었으며, 설문문항 간 모순이 없는 응답을 한 89개 기업의 응답내용을 통계적 분석할 수 있었다. 응답한 기업의 수가 30개를 초과하기 때문에 중심극한 정리에 의해서 정규분포 이론을 기반으로 만들어진 각종 통계기법을 활용하여 통계적인 의미가 있는 결과를 얻을 수 있을 것이다. 조사한 대부분의 기업이 블랙벨트 1명에 의한 품질경영을 하고 있었다.

제5절 품질경영 사례연구

1. 인구통계학적 분석

〈표 45〉 인구통계학적 자료

성별		나이		직위	
남 여	60(67.4%) 29(32.6%)	20~30세 31~40세 41~50세	59(66.3%) 27(30.4%) 3(3.3%)	직원 과장 비서 지배인 이사장	58(65.2%) 11(12.4%) 5(5.6%) 13(14.6%) 2(2.2%)
합계	89명(100%)	합계	89(100%)	합계	89(100%)

<표 45>에 나타난 것처럼 중국의 품질경영은 대부분이 20~30세의 남자종업원에 의해서 추진되고 있었다. 직급별 상황은 직원이 58명으로 전체의 65.2%이며, 과장급은 전체의 12.4%, 비서는 5.6%, 지배인은 14.6% 그리고 이사장은 2명으로 전체의 2.2%로 나타났다.

설문조사한 중국기업 가운데 6시그마 수준의 품질경영을 하고 있는 곳은 3개의 기업이었다. 한 기업은 응답을 거부하였으며, 나머지 한 기업의 응답내용은 신빙성이 결여되어 분석대상에서 제외하였다. 응답한 나머지의 모든 기업은 6시그마 수준의 품질경영을 목표로 하고 있지만, 현재의 품질경영은 3시그마의 불량률을 보이고 있음을 확인할 수 있었다.

2. 변수의 조작적 정의

<표 46> 측정도구의 조작적 정의 및 측정값

요인	항목명	측정항목	평균	표준편차
리더십	IS1	- 6시그마에 대한 관심의 정도	2.13	1.00
	IS2	- 6시그마 도입목표와 목적, 비전을 조직구성원에게 제시하는 정도	2.03	.93
	IS3	- 6시그마 추진 참여 정도	2.16	.90
	IS4	- 6시그마 전담조직 추진능력	2.12	1.00
	IS5	- 6시그마 성과결과를 경영전략 수립에 반영하는 정도	2.20	.93
인적자원 개발 (교육/훈련)	HD1	- 업무와 연계된 훈련 여부	1.89	.92
	HD2	- 다양한 6시그마 분석도구에 대한 교육훈련 정도	1.89	.87
	HD3	- 지속적인 6시그마 교육실시의 빈도	1.91	.90
커뮤니케이션	C01	- 회사의 전략을 전 조직원이 공유하는 정도	3.29	1.01
	C02	- 부서/부문 간 원활한 의사소통의 정도	3.53	.99
	C03	- 정보를 공유하는 정도	2.21	1.16
품질향상	QU1	- 6시그마 경영 품질향상 정도	2.31	1.25
	QU2	- 저품질 비용의 발견빈도	2.23	1.06
	QU3	- 자사 및 공급업체의 품질향상에의 기여도	2.35	1.09
기업경쟁력	CC1	- 품질향상의 기업경쟁력 강화에의 유용성 정도	3.36	1.22
	CC2	- 6시그마 경영을 통한 재무성과 향상 정도	2.17	.99
	CC3	- 6시그마 경영의 조직의 업무효율성 향상에의 기여도	2.17	1.05

기존 연구결과를 토대로 하여, <표 46>과 같이 6시그마 경영활동을 통한 기업경쟁력 강화를 측정하기 위한 항목에 대한 조작적 정의를 하였다. 리더십 요인은 5개 측정항목으로 구성되었으며, 그 외 각각의 요인은 3개의 항목으로 구성하였다. 측정척도는 리커트 5점 등간척도를 이용하였으며, 1점은 '매우 낮다', 3점은 '보통', 5점은 '매우 높다'는 것을 의미한다.

3. 탐색적 요인분석

각 연구단위별로 사각회전(varimax rotation) 방식에 의한 주성분 분석법(Principle Component Analysis)에 의거한 요인분석을 실시하였다. 평가기준으로서 기존 요인분석을 이용한 연구에서 적용한 요인적재 값 .30 이상, 요인의 설명력(the variance extracted)은 .50 이상을 설정하였다 (Bagozzi · Yi, 1998). 탐색적 요인분석 결과를 보면 요인적재량이 모두 .80 이상으로 나타났으며 요인의 설명력은 모두 .67 이상으로 모든 단위연구 차원의 측정항목이 기준을 충족하였다.

〈표 47〉 탐색적 요인분석 결과

단위연구 차원		최초항목	communality	factor loading	제거	남은 항목 수
6시그마 성공요인	리더십	5	.76 .87 .78 .85 .67	.87 .93 .89 .92 .82	-	5
	인적자원 개발 (교육/훈련)	3	.87 .92 .83	.93 .96 .91	-	3
	커뮤니케이션	3	.82 .82	.91 .91	1	2
품질향상		3	.90 .90 .82	.95 .95 .90	-	3
기업경쟁력		3	.92 .92	.96 .96	1	2

4. 신뢰성 분석

신뢰성 검증은 설문도구의 문항 간에 내적 일관성 여부를 판단하는 과정이며 본 연구의 신뢰성 검증은 일반적으로 수리적 모형을 이용하여 일관성의 정도를 검사하는 Cronbach's α 계수를 이용한 내적 일관성 기법(internal consistency)을 이용하였다.

〈표 48〉 Cronbach's α 를 이용한 신뢰성 분석결과

단위연구 차원		최초항목	Cronbach's α	제거	남은 항목 수
6시그마 성공요인	리더십	5	.93	2	3
	인적자원 개발(교육/훈련)	3	.92	-	3
	커뮤니케이션	3	.78	1	2
품질향상		3	.92	-	3
기업경쟁력		3	.90	1	2

일반적으로 Cronbach's α 계수가 .60~.70 이상이 되면 측정항목의 신뢰성이 높다고 판단한다(이훈영, 2008). <표 48>에 나타난 결과를 살펴보면, 탐색적 요인분석 결과로 커뮤니케이션 항목을 제외한 모든 항목의 Cronbach's α 값이 .90 이상이다. 따라서 본 연구에 사용된 모든 변수는 내적 일관성이 매우 높은 척도로 볼 수 있다고 추정된다.

5. 확증적 요인분석

본 연구에서는 확증적 요인분석을 위하여 AMOS 분석을 실행하였다. 확증적 요인분석 평가지표로 GFI(Goodness-of Fit Index: .90 이상이 바람직함), AGFI(Adjusted Goodness-of Fit index: .90 이상이 바람직함), RMSR (Root Mean Square Resideual: .05 이하이면 바람직함), X2(적을수록 바람직함)를 사용하였다. 또한 증분적합지수인 NFI(Normed Fit Index: .90 이상이면 바람직함), NNFI(Non-Normed Fit Index: .90 이상이면 바람직함)을 이용하였다(<표 50> 참조).

〈표 49〉 확증적 요인분석 평가기준

구 분	부합지수	최악모델	최적모델
절대부합지수	- X2 - GFI(부합도 지수)	확률값 .05이하 0	.05 이상 1(.90 이상)
증분부합지수	- AGFI(조정된 부합지수) - RMR(원소 간 평균차이) - NFI(표준부합지수) - NNFI[TLI](비표준적합지수)	0 .05 이상 0 0	1(.90 이상) .05 이하 1(.90 이상) 1(.90 이상)

〈표 50〉 확증적 요인분석 결과

GFI	AGFI	RMSR	NFI	NNFI(TLI)	X2/df	p
.83	.75	.05	.89	.94	1.73	.00

본 연구에서는 GFI=.83(.90 이상이면 적합), AGFI=.75(.90 이상이면 적합), RMSR=.05(.05 이하이면 적합), NFI=.89(.90 이상이면 적합), NNFI=.94(.90 이상이면 적합)로 나타났다. 이훈영(2008)에 따르면, 적합성에 대한 지표인 GFI, AGFI 및 RMR 등에 대한 통계적인 분포가 알려져 있지 않기 때문에 명확한 기준을 갖고 이들 가운데 어느 것이 더 적합한 지표인지를 판단하기가 어렵다.

본 연구에서 적용한 6가지의 통계처리 기준 가운데 RMSR 및 NNFI 두 기준에는 정확하게 적합하며, NFI 한 기준에는 근사적으로 적합하다. 그리고 적합도의 또 다른 한 측면인 X^2/df=1.73(143.90/83)로 X^2/df가 1과 2 사이의 값을 보여주고 있으므로 적합한 결과를 보여준다고 볼 수 있을 것이다.

6. 가설검증

본 연구에서 제시된 가설에 대한 t검증을 한 결과는 <표 51>과 같이 정리된다.

<표 51> 가설검정 결과

가설	경로명칭	경로계수	t	p	기각여부
H 1	리더십 → 품질향상	.59	2.61	.01	-
H 2	인적자원 개발 → 품질향상	.74	4.71	.00	-
H 3	커뮤니케이션 → 품질향상	.14	1.43	.22	기각
H 4	품질향상 → 기업경쟁력	.66	12.11	.00	-

가설검증 결과인 <표 51>을 살펴보면, 리더십과 인적자원 개발이 품질향상에 정(+)의 영향이 있는 것으로 나타났으며, 품질향상 또한 기업경쟁력에 정(+)의 영향이 있는 것으로 나타났다. 따라서 연구가설 1, 가설 2 및 가설 4는 대립가설이 채택되었다. 한편 커뮤니케이션은 품질향상에 별다른 영향을 미치지 못하는 것으로 분석되었다.

4개의 가설 가운데 3개의 가설은 한국기업을 대상으로 한 기존연구의 결과와 동일하다. 그러나 커뮤니케이션과 품질향상에 관련된 가설은 한국학자의 선행연구 결과와 다른 것으로 나타났다. 특히 중국제조기업의 커뮤니케이션이 품질향상에 영향을 미치지 못한 이유는 한국과 중국의 기업문화가 다르기 때문일 것으로 추정된다. 중국기업의 측면에서 볼 때 6시그마 운동과 같은 품질향상 노력은 새로운 변화가 요구되는 상황에 해당된다. 이와 같은 상황의 변화는 종전의 관행과 다른 새로운 개념, 작업방법 및 규칙 등에 대한 정확한 이해가 필수적이며, 이를 위해서는 구두, 서면 및 동영상 등의 다양한 방법을 통한 커뮤니케이션 활성화가 매우 중요할 것으로 본다.

그런데 중국종업원은 개인의 이해관계에 직접 관련되지 않을 경우, 특별한 경우가 아니면 상급자와 대화를 하려고 하기보다는 상급자의 지시사항에 맹목적으로 순응하려는 성향이 강하다. 게다가 중국기업의 규정, 규칙의 권위성, 강제성을 중시함을 뜻하는 법리형 기업문화(legalistic organization culture)의 존재(양리화·김진학, 2008; 趙常林, 1999) 및 중국인의 위계성 중시성향과 변화를 거부하는 내부지향성의 존재(백권호·장수현, 2007)가 강하게 작용한 결과로 유추된다.

7. 분석결과 요약

가설검증 결과를 보면, 리더십과 인적자원 개발은 품질향상에 정(+)의 영향이 있는 것으로 나타났다. 그리고 품질향상은 일반적으로 알려진 것처럼 중국기업의 경우에도 기업경쟁력에 정(+)의 영향이 있는 것으로 나타났다. 아울러 통계적인 분석결과를 한국의 선행연구의 결과와 간접적인 비교를 해보면 다음과 같다.

첫째, 우수품질 기반경영이 기업경영 성과에 영향이 긍정적인 것으로 나타났다. 이것은 한국과 결과(조지현·장중순, 2006)가 동일하다.

둘째, 한국의 연구(장형걸·김광수, 2007)에서 경영층의 리더십(참여)이 6시그마 성공요인 중에서 매우 중요한 변수인 것으로 나타났는데 중국의 경우도 동일한 결과가 나타났다.

셋째, 중국기업도 한국의 경우와 마찬가지로 인적자원 개발은 품질향상을 통해서 경쟁력에 긍정적인 영향을 미치고 있음을 확인할 수 있었다(이건창 등, 2004).

넷째, 한국기업의 경우는 원활한 커뮤니케이션이 품질향상에 긍정적인 영향을 미치는 것(이건창 등, 2004)으로 분석되었는데 중국에서는 영향을 미치지 않는 것으로 나타났다.

현재의 대부분의 중국기업의 품질경영은 3시그마 수준이기 때문에, 품질경영의 수준이 6시그마에 도달한 한국기업의 경우와 직접 비교연구를 통한 의미 있는 결과를 얻기가 어려운 상황이다. 이는 품질경영(6시그마 기법)은 시행의 미숙단계를 지나 성숙단계에 도달해야 가시적인 성과를 기대할 수 있는 가변성이 있기 때문이다(김혜정·유지수·김주영, 2007).

제6절 품질경영 사례연구 요약

현재의 중국산 상품의 품질경영 수준에 대한 張公緖의 견해(丁瑩, 2005)는 하나의 도로에 많은 인력거와 소수의 벤츠 자동차가 동시에 도로를 주행하는 것처럼 중국의 6시그마와 3시그마 경영이 혼재하는 상황으로 해석할 수 있다. 본 연구가 수행된 중국의 심양시의 경우도 비슷한 상황이었다.

중국 현지 제조공장의 현재 품질경영의 수준이 한국보다 상당히 덜 발달된 상황이며, 중국의 경제운용 체제가 우리나라와 달리 사회주의 국가이므로 두 나라의 제조기업의 주요경쟁력 향상요인 간에는 상호 다른 결과가 나타날 것으로 기대했다. 게다가 많은 국내외 학자의 연구결과는 품질경영의 도입이 경영성과에 긍정적인 영향을 미치는 것으로 나타났지만, 손성진(2009) 및 권영훈(2006)에 따르면, 품질경영 활동을 추진한다고 하여 경영성과 향상에 모두 긍정적인 것은 아니며, 품질성과의 매개효과는 발견할 수 없다고 결론을 제시한 바 있다. 이러한 상황을 감안하여 중국의 동북지역에 대한 실증연구를 하였다.

중국기업의 품질경영을 통한 우량상품 생산이 기업경쟁력에 미치는 효과에 대한 인식을 한국의 선행연구의 결과와 간접적으로 비교한 결과, 다음과 같은 공통점이 발견되었다. 첫째, 우수한 상품품질을 중요시하는 것이 기업경영 성과에 대한 영향이 긍정적인 것으로 나타났다. 둘째, 경영층의 리더십과 인적자원 개발은 상품의 품질향상에 긍정적인 영향을 미친다.

한편 품질경영 관련변수 가운데 '원활한 커뮤니케이션'의 효과는 한국과 중국이 다른 결과를 보여주는 것으로 나타났다. 즉, 한국의 경우에는 원활한 커뮤니케이션이 품질향상에 긍정적인 영향을 미치지만, 중국에서는 영향을 미치지 않는 것으로 나타났다. 이것은 중국인이 규칙의 권위성, 강제성을 중시함을 뜻하는 법리형 기업문화(legalistic organization culture)의 존재(양리화・김진학, 2008; 趙常林, 1999) 및 중국인의 위계성 중시 성향과 변화를 거부하는 내부지향성(백권호・장수현, 2007)이 강하게 작용하는 기업운영 풍토의 반영으로 볼 수 있다.

많은 중국기업이 종전에 시행하지 않던 (6시그마)품질향상 노력을 효과적으로 하기 위해서는 커뮤니케이션의 활성화가 매우 중요하다. 왜냐하면 (6시그마)품질향상을 위해서 요구되는 새로운 개념, 경영자의 참여와 리더십, 6시그마 경영지향적인 조직의 목표와 비전 등의 새로운 변화에 관련된 필요한 많은 정보를 공유하는 것이 바탕이 되어야 종업원이 변화를 잘 수용하면서 기업이 가시적인 경쟁력을 갖게 될 수 있기 때문이다.

따라서 중국 현지 경영에서의 관계지향적(꽌시) 문화를 근간으로 하는 변화지향적 문화요소를 도입하는 기업문화 혁신을 신중히 추진할 필요(백권호・장수현, 2007)가 있으며, 기업문화의 변화를 효과적으로 추진하기 위해서는 커뮤니케이션의 역할이 매우 중요할 것으로 본다.

본 연구의 한계점으로는, 품질기반 경영을 한다고 볼 수 있는 중국기업이 많지 않았던 관계로 표본의 수가 89개로 다소 적었으며, 중국산 상품의 품질경영 수준을 보면, 3시그마 및 6시그마 수준의 관리기업이 혼재하고 있는 상황이기 때문에 단정적인 결론 해석을 하기 어렵다.

그럼에도 불구하고 대부분이 3시그마 경영수준인 그 중국기업이 성숙단계로 진입하도록 노력할 경우, 더욱 가시적인 성과를 거둘 수 있을 것으로 전망된다. 왜냐하면 기존연구(김혜정 등, 2007) 결과에 나타난 것처럼, 6시그마 기법의 효과는 기업에서 적용할 준비와 수용만 되었다고 큰 성과를 얻는다기보다는 성숙단계까지 가야만 가시적인 성과를 얻을 수 있기 때문이다.

중국의 제조기업의 품질경영이 대부분 6시그마 경영수준에 도달할 때, 한국과 중국기업 간의 직접 비교연구를 함으로써 본 연구의 한계점을 극복하고 더욱 바람직한 연구결과를 얻을 수 있는 기회를 남겨두고자 한다.

제4부

중국기업의 환경경영

(제4부의 제7~8장은 장동철·김종순(2011), "중국제조업의 친환경
공급사슬에 관한 연구: 상해시와 심양시를 중심으로"와
장동철·곽수환·김종순(2011), "중국 각 지역의 환경경영 효율성 평가에 관한
연구: 중국 통계연감 제조업 관련 통계자료를 중심으로"를 참조하여
작성하였다.)

제7장

중국제조업의 친환경 공급사슬 관리

제1절 중국제조업의 친환경 공급사슬 관리현황

　녹색소비자들의 등장과 상품의 수입·수출 시 환경친화적인 관리를 하지 않은 상품들에 대해서는 불이익을 주는 시대로 접어들게 되었다. 다시 말해서 기업의 친환경 경영활동은 소비자가 원하고, 새로운 수요 창출의 기회가 될 수 있으며, 이익률도 높아지고, 기업 내의 도덕심이 고취되며, 새로운 일자리 창출의 기회가 된다는 등의 기업경영 환경의 변화로 말미암아 환경경영의 필요성이 증대되고 있다.

　특히 그동안 환경경영을 등한시해왔던 중국은 30여 년 동안 연평균 10%에 가까운 고성장과 함께 에너지부족과 환경오염 문제에 시달려왔다. 중국은 환경문제 해결을 위해 환경법을 제정하여 규제를 강화하는 한편 관련예산을 확대하고 있는데, 특히 베이징올림픽을 계기로 중국은 오염문제 해결에 많은 노력을 기울였다. 중국은 1990년대부터 환경오염이 심각한 기업에 강제조치를 이행하여 왔다.

　좀 더 자세히 살펴보면, 2010년 중국환경통계공보에 따르면 2009년 환경오염 처리에 4,525.3억 위안(중국화폐)을 투자하였는데 이것은 2009

년 GDP의 1.33%를 점하는 금액이다. 그중 도시환경 기반시설에 2,512억 위안을 투자하였고, 공업오염원(工業汚染源) 처리에 442.6억 위안을 투자하였다. 그리고 "세 가지 동시(三同時)"[8]건설프로젝트 환경보호에 1,570.7억 위안을 투자하였다.[9]

이와 같은 대규모 투자에도 불구하고 중국은 여전히 지구촌 환경오염의 주요원인 제공국가에 해당된다. 하지만 중국학자들에 의한 중국기업들의 환경경영을 통한 환경성과에 관한 실증연구는 그다지 활발히 진행되지 않고 있다. 여기서 환경성과란 환경경영의 전 과정에서 생태환경에 미치는 영향을 최소로 줄이고, 환경효율성을 높이는 정도를 의미한다.

따라서 세계의 생산공장인 중국기업의 환경경영이 기업의 환경성과에 미치는 영향에 관한 심층적인 연구가 매우 필요하다. 본 연구에서는 환경오염 처리, 환경보호 및 환경개선에 막대한 자금을 투자하고 있는 중국의 ISO 인증기업들을 중심으로 친환경 공급사슬 관리가 환경성과에 어떤 영향을 미치는지 분석하고자 한다. 이 연구를 통해서 지구촌 환경오염을 감소시키면서 기업의 지속 가능한 발전을 추구하는 녹색기업들에게 유용한 정보를 제시하는 데 기여할 수 있을 것으로 기대한다.

제2절 환경경영 및 친환경 공급사슬 관리

1. 환경경영

환경경영이란 기업의 경제적·생태적 성과를 최적화하기 위하여 환

---

8) 건설프로젝트 "세 가지 동시(三同時)"란 생산성 기본 건설프로젝트의 노동안전 위생시설이 반드시 국가가 규정한 표준에 부합되어야 하며, 반드시 주체(主體)공정과 동시에 설계하고, 동시에 시공하고, 동시에 생산과 사용에 투입하여 건설프로젝트가 준공되고 생산에 들어간 후, 국가가 규정한 노동안전 위생표준에 부합되는 것을 확보하도록 하여 생산과정에서 노동자의 안전과 건강을 보장하는 것이다.

9) 자료출처: 中华人民共和国环境保护部 全国环境统计公报, 2010.

경보호를 기업의 모든 경영활동에 통합하는 것이다(North, 1992). Gray · Bebbington · Walters · Houldin(1993)은 환경경영을 "기업의 환경적 입장을 검토하고 그것을 개선하기 위하여 방침이나 전략을 개발 · 시행함과 동시에, 지속적인 개선이나 효과적인 관리를 위하여 경영시스템을 개선하는 일련의 환경적 대응"이라고 한다. 한편 Wolters · Peeters(1995)는 환경경영을 "환경에 대한 기업의 유해한 영향을 통제하고 감소시키는 것"이라고 설명하고 있다.

정헌배(1995)는 환경경영을 기업의 고유한 생산활동에 의해서 필연적으로 파생되는 환경훼손을 최소화하면서, 환경적으로 건전하고 지속적인 발전을 도모하는 것이라고 정의한다. ISO 14001에서는 조직이 전체 경영기능에서 환경방침과 목표를 개발, 실행, 달성, 검토, 유지하기 위한 전반적인 활동이라고 정의하고 있는데, 즉 환경경영이란 최고경영자에 의해 공식적으로 환경에 대한 방침, 목표, 책임 등이 정해지고, 이를 달성하기 위해 전 종업원이 참가하는 총체적인 환경관리 활동을 말한다(박규태, 2004). 이명이(2007)는 환경경영을 "기업의 고유한 생산활동에 의해서 필연적으로 파생되는 환경적 훼손을 최소화하면서, 환경적으로 건전하고, 지속적인 발전을 도모하고자 하는 것이 환경경영 활동"이라 정의할 수 있다고 한다.

국내외적 환경규제의 강화, 각종 환경단체의 압력, 소비자들의 의식 변화 등 수많은 외부요인에 대응하면서 환경경영은 경쟁력 제고와 신규사업기회의 창출을 동시에 도모하는 기업의 자생적 생존전략으로 선택사항이 아닌 필수사항이 되어버렸으며 국제적인 관심이 되었다(김도경 · 임남웅, 2004). Poter · Linde(1995)는 실제적으로 우수한 환경경영을 실천할 경우 얻어지는 효과는 생산공정의 혁신을 통하여 투입요소의 보다 완벽한 기공, 대체, 재사용 또는 재활용에 따른 원자재를 절약하고,

생산량을 증가시키며, 비가동시간의 절약 등을 통하여 얻을 수 있는 생산공정상의 효과와 포장비용의 감소, 소비자 제품처리 비용의 감소, 제품의 가치 및 사용 후 가치상승 등 제품에 대한 효과를 얻을 수 있다고 한다. 성봉석(2002)의 연구에 따르면, 혁신적인 환경경영 활동은 성과제고와 정(+)의 관계를 갖는 것으로 나타났다. 그리고 환경경영 활동이 경영성과에 미치는 또 다른 실증분석 사례로 Welch(2003)의 미국, 일본 ISO 14001 인증기업의 종업원, 자본, 운영예산 등 경영여건과 함께 EU 판매로부터의 수익으로 경영성과 비교분석이 있다.

이명이(2007)는 경제적 수익성과 환경친화성을 동시에 목표로 하는 환경경영이 실질적으로 기업에 도입되기 위해서는 환경성과를 개선하거나 환경친화적 제품 및 혁신적 청정기술 개발이 기업의 경쟁력 향상에 직결된다는 확신이 전제되어야 한다 하면서, 이러한 인식이 최고경영자로부터 일반종업원에 이르기까지 모든 기업 조직구성원들에게 인식되어야 환경경영에 대한 성과가 가시적으로 나타날 수 있다고 한다. 즉, 성공적인 환경경영을 통해 기업가치 제고가 가능하기 때문에, 기업가치 제고를 위해서는 경영활동 전반에 걸쳐 환경성과 경제성의 연계를 전략적으로 추진할 수 있는 방안이 필요하다(이병욱, 2000).

2. 친환경 공급사슬 관리(SCEM)

기업활동은 제조단계는 물론 모든 단계, 즉 전 과정이 환경문제와 연계되어 있어 각종 환경관련 조치도 특정산업에 국한되지 않고 거의 모든 산업에 영향을 미치게 된다(김희철, 2004). Jacqueline M. Beek · Hordijk · Van Wassenhove(1995)와 Messelbeck · Whaley(1999)는 SCEM (Supply Chain Environmental Management)을 전후방 기업의 환경경영 파트너십으로 정의하면서, 환경경쟁력을 확보하기 위해서 SCEM의 실천을 강조하고 있다. 그리고 Godfrey(1998)는 친환경 공급사슬 관리를 공급사슬상에서 환경성과를 개선할 수 있도록 감시하고, 개선될 수 있도록 지원하는 것으로 정의하였고, Narasimhan · Carter(1998)는 친환경 공급사슬 관리를 오염저감, 재활용, 재사용 및 유해물질 대체 등에 관하여 구매부서가 참여하는 것으로 정의한다.

Sarkis(2003)는 친환경 공급사슬 관리를 ISO 14001 도입과 확산이 공급사슬 관리의 환경성과 개선에 큰 역할을 한다고 하였고, Purba(2002)는 친환경 공급사슬 관리는 기업의 경제적 · 환경적 성과 및 기업의 경쟁력까지 영향을 미쳤다고 한다. Zhu · Sarkis(2004)는 직접 환경영향을 받는 중국의 186개 기업의 경영자들을 대상으로 실시한 설문조사에서, 기업의 경제적, 환경적 성과는 친환경 공급사슬 관리와 서로 상생(win-win)의 관계가 있다는 결론을 제시하고 있다. 张汉江 · 吴娜 · 唐维(2006)는 친환경 공급사슬 관리 도입은 기업의 사회책임감을 나타내는데, 기업에게 무형자산을 증가시켜주고 좋은 명성과 녹색제품 이미지를 심어주어 기업의 지속적인 발전능력을 향상해주었다고 한다. 그리고 Seuring(2001)은 친환경 공급사슬 기업들은 상호협력을 통하여 원가를 낮출 수 있다고 하였고, 刘彬 · 宝建梅(2007)도 친환경 공급사슬 관리는 기업에게 환경성과와 경영효율을 효율적으로 향상시킬 뿐만 아니라 원가절감의 효과도 있었다고 한다.

친환경 공급사슬 관리의 성공요인으로 Bowen · Cousins · Lamming · Faruk(2001)는 구매품 또는 구매품을 공급하는 공급자의 환경성과를 개선시키는 활동을 제시하였고, Hines · Johns(2001)는 공급자용 설문지, 공급자 평가 시 환경성 평가, 환경경영체계 인증여부 등 널리 사용되고 있는 모니터링 또는 공급자 평가 대신 공급자 지원과 개발이 중심이 되는 '환경 모니터링' 개념의 중요성을 제시하고 있다. 그리고 서아영·신경식(2001)은 SCM 성공요인으로 계획과 통제, 조직 간 조정, IT활용, 고객반응과 유연성, SCM 간의 협력정도, 공급업체와 구매업체와의 관계 등을 제시하였고, 이정희(2009)는 공급사슬 관리와 환경경영을 통합시킨 기업협력 변수(파트너십, 녹색구매)와 친환경 공급사슬 관리(친환경 설계, 생산자책임 자원회수) 변수들을 정의하고, 기업협력 변수가 SCEM 실행변수에 실제로 영향을 주는가를 검정한 바 있다.

본 연구는 중국제조업 기업의 환경경영을 통한 환경성과 향상에 초점을 맞추고 있다. 따라서 친환경 공급사슬 관리 선행연구로부터 특히 이정희(2009)의 친환경 공급사슬 관리가 환경성과에 미치는 영향 논문을 기반으로 친환경 공급사슬의 중요요인인 친환경설계, 녹색구매, 파트너십 및 생산자책임 자원회수 요인을 친환경 공급사슬 관리 독립변수로 선정하였다.

제3절 친환경 공급사슬 관리와 환경성과의 관계

1. 친환경 설계와 환경성과와의 관계

최근 경쟁우위의 새로운 원천으로, 공업업체들의 친환경적인 제품품질과 공정기술이 제시되고 있다(Florida, 1996; Hart, 1997; Florida·Davison, 2001; Rosen, 2001). 장기윤·한두봉(2006)도 환경경영의 실천은 기업의 환경경쟁력 확보수단으로 그 중요성이 날로 더해지고 있으며, 기업을 둘러싼 수많은 이해관계자의 다양한 환경요구에 적극 대응할 수 있는 대표적인 방안으로 자리 잡고 있다고 한다.

환경경영의 실천에서 특히 친환경 공급사슬 관리에서 환경친화적 제품설계가 우선시(優先視)되고 있는데, 국제표준화기구(ISO)에서는 친환경 제품설계를 "환경성 개선을 위한 혁신 및 기회를 최대화하고 창의성을 증진시키는 연속적이고 복잡한 활동"으로 정의하고 있다(來新陽, 2007). 김종대·연병모(2003)는 환경친화적 제품설계(DfE: Design for Environment)를 자원의 효율적 활용 및 환경오염의 근원적 저감을 유도하기 위해 제품설계 단계부터 환경성을 고려해야 한다는 취지에서 실시되고 있는 방법으로, 최근에 선진국을 중심으로 환경친화적 제품설계의 활용이 제품의 부가가치 창출, 비용절감의 원동력으로 인식되었다고 한다. 제품의 환경부하를 줄이기 위해서 행하는 설계를 Design for Environment, Ecological Design, Environmental Design, Environmentally Oriented Design, Environmentally Responsible Design, Socially Responsible Design, Sustainable Product Design, Sustainable Product Development, Green Design, Life cycle Design, Demineralization, Eco-efficiency 그리고 Bio-Design 등의 다양한 용어로 표현하고 있다(Lewis·Gertsakis, 2001). Fiksel(1996)은 환경친화적 제품설계를 제품과 설계절차의 프로세스 엔지니어링에 환경적 고려를 통합시키는 활동으로 제품의 가격, 성능 및 품질의 기준을 만족시키면서 환경적으로도 적합한 제품을 개발하는 것으로 정의하고 있다.

친환경제품의 설계는 환경문제의 발생을 최소화함으로써 제품의 근본적 개선을 꾀하는 사전적 접근방식으로, 더 적은 비용으로 높은 개선효과를 얻을 수 있다는 점에서 바람직한데, 송준일(2007)도 기획 및 구상설계와 같은 초기설계 단계에서 환경을 고려하는 것이 상세설계와 같은 설계 최종단계에서 환경을 고려하는 것보다 제품의 환경성에 미치는 영향이 훨씬 큰 것으로 나타났다고 한다.

따라서 중국제조업 기업들의 친환경 제품설계 역시 기존의 연구와 마찬가지로 환경성과에 정(+)의 영향을 미칠 것인지 규명하기 위해서 다음과 같은 가설을 설정한다.

H_1: 친환경 공급사슬 관리의 친환경 제품설계는 환경성과에 정(+)의 영향을 미칠 것이다.

H_{1-1}: 친환경 공급사슬 관리의 친환경 제품설계 시 경제성 고려는 환경성과에 정(+)의 영향을 미칠 것이다.

H_{1-2}: 친환경 공급사슬 관리의 친환경 제품설계 시 환경성 고려는 환경성과에 정(+)의 영향을 미칠 것이다.

2. 녹색구매와 환경성과와의 관계

Russel(1998)은 녹색구매를 환경에 대한 관심을 통합시킨 구매정책, 구매프로그램과 구매실천으로 자발적으로 엄격한 환경기준을 수립하고, 적용시키는 공급자들을 활용하여 공급사슬 전체의 환경성을 향상시키는 매개체라고 정의하고 있다. 김도경·임남웅(2004)은 녹색구매를 ① 환경에 미치는 부정적 영향을 최소화하기 위해 3R(Reduce, Reuse, Recycle)의 가능성을 높일 수 있는 구매행위의 실현, ② 구매정책의 수립, 실행, 공급업체 선정/평가/개발, 투입물류, 포장, 3R, 폐기물 처리 등 포괄적 영역에서 환경이슈에 대한 대응책을 수립하고 실행하는 것으로 정의하고 있다. Andreas·Jansson(2004)은 녹색구매는 개별기업이 자연환경을 고려해서 제품과 서비스를 만들고, 그 과정에서 얻어지는 모든 것이 구매정책의 집합으로 원료물질 획득, 공급자선정/평가/개발, 공급자의 생산, 내부물류, 포장, 재활용/재이용/자원감량 그리고 제품의 최종 폐기까지 포함한다고 정의한 바 있다.

Min·Galle(1997)는 미국 구매담당자들을 대상으로 조사한 결과 공급자에 대한 파트너십과 환경모니터링보다는 환경규제에 대한 대응방안으로 녹색구매를 더 우선적으로 실행하고 있음을 밝혔다. 상하이 바오강 경제관리연구원 지속가능연구소장 둥시오단(董曉丹)은 바오강그룹은 '세계 일류 클린 철강사'라는 녹색성장 목표를 설정하고, 녹색경영을 철강제품 전 공정에 적용하여 '원자재의 녹색구매·청결 생산, 녹색제품 개발과 판매, 녹색화합사회 건설'이라는 녹색경영 체계를 구축함으로써 기업이 지속 가능 발전을 추진해왔다고 한다(董曉丹, 2009).

오용석(2008)은 제품의 개발, 생산과정에서 발생할 수 있는 환경위험 요소를 사전에 예방하고 환경친화적인 원료 및 부품 등의 구매를 추진하는 삼성전자의 녹색구매는 불필요한 비용발생을 억제하며 친환경성 원료 및 부품, 반제품 등의 구매를 통한 환경친화 제품 개발로 새로운 경쟁력 확보를 통한 브랜드 이미지 제고와 환경부하가 적은 제품 개발 및 생산으로 고객에게 환경친화 제품을 제공하여 삼성전자의 이미지 제고와 지구환경 보전에 기여하였다고 한다. 이정희(2009)도 공급사슬상에서 구매는 단일기업의 경계를 확장하는 기능을 가졌기 때문에 녹색구매는 공급사슬상에서 환경경영으로 경계를 확장할 수 있고, 환경성을 개선할 수 있을 것이라고 한 바 있다.

따라서 본 연구에서는 중국제조업 기업들의 녹색구매 또한 기존의 연구와 마찬가지로 환경성과에 정(+)의 영향을 미칠 것인지 규명하기 위해서 다음과 같은 가설을 설정한다.

H_2: 친환경 공급사슬 관리의 녹색구매는 환경성과에 정(+)의 영향을 미칠 것이다.

H_{2-1}: 친환경 공급사슬 관리의 녹색구매 - 환경규제는 환경성과에 정(+)의 영향을 미칠 것이다.

H_{2-2}: 친환경 공급사슬 관리의 녹색구매 - 물질정보는 환경성과에 정(+)의 영향을 미칠 것이다.

3. 파트너십과 환경성과와의 관계

Cooper · Gardner(1993)는 파트너십을 상호의존관계를 구축하고 협력 관계를 향상시키며 시장에서의 위치를 개선시키거나 또는 공유된 목표를 성취하기 위한 관계이자 일정한 합의된 기간 동안 이익과 부담을 공유하는 관계라고 정의하고 있다. Ellram · Hendrick(1995)은 파트너십을 일정기간 동안 약정된 사항에 대하여 상호 호혜적이고 지속적인 관계(on-going relationship)를 가지며 정보의 공유, 위험과 보상을 공유하는 것으로 정의하고 있다. 서창적 등(2007)은 바람직한 파트너십 관계는 서로의 정보를 공유하고, 이를 통하여 위험과 이익을 공유하며 한정적인 관계가 아니라 필요하면 서로 도울 수 있는 관계를 말한다고 했다(재인용: 김용미, 2009). 이정희(2009)는 단일기업의 환경성과보다 기업협력에서 환경성과를 더 많이 높일 수 있다는 것을 밝혔다. Speckman · Kamauff Jr. · Myhr(1998)는 공급사슬상에서 협력관계를 구축하기 위해 1단계는 개방된 시장협상(open Market Negotiation) 단계, 2단계는 상호협조(co-operation) 단계, 3단계는 상호조정(co-ordination) 단계, 4단계는 협력(collaboration) 단계 등 4가지 단계를 제시하였는데 다음 <그림 14>와 같다.

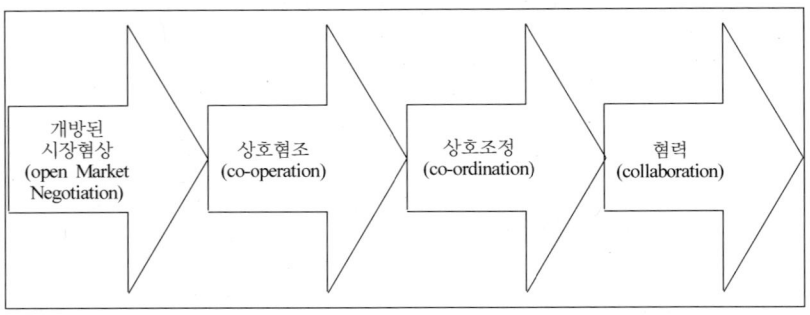

〈그림 14〉 공급사슬상에서 협력으로 가는 4가지 단계

파트너십은 SCM에서 공급사슬을 구성하는 모든 거래 파트너들 간에 상호신뢰와 몰입을 바탕으로 공동의 이익을 위한 지속적이고 보다 협력적인 동반자 관계이다(김재전·박형호·유일·소순후, 2003). Mentzer·Foggin·Golicic(2000)은 기업 간 관계를 통해 성과를 극대화하기 위해서는 운영적 업무뿐만 아니라 전략적 업무에 관한 정보까지도 공유되는 것이 바람직했었다고 한다. Clark(1989)의 연구에서는 구매업자가 공급업자에게 개선과제를 제의하거나 공유함으로써 구매업자의 효익(效益) 또는 성과를 높일 수 있으며, 반대로 공급업자의 경우에도 공급사슬상에서 나타나는 문제를 해결하기 위해 구매업자와의 프로젝트팀 편성을 요청하거나 또는 품질이나 비용개선을 위한 정보의 제공 내지 공유를 통해 성과를 높이는 효과가 있었다고 한다.

현대기업은 독립적인 개체로 경쟁할 수 없기 때문에 성공적인 SCM을 위해서는 기업 간의 파트너십이 중요하다(이노우에 하루키, 1999; Lambert·Cooper, 2000). 김용미(2009)는 SCM에서 공급사슬 파트너십의 중요성을 강조하는 이유는 기업 간의 협조 없이는 SCM이 이루어질 수 없으며, SCM의 성공 여부는 참여업체들 간의 협조관계의 정도에 달려 있기 때문이라고 한다. Sahay(2003)도 기업 간의 협력관계를 형성하기 위해선 신뢰관계 형성이 필수적이며, 신뢰관계를 형성하기 위해선 기업 간의 방침과 목적을 공유하는 과정이 선행되어야 한다고 주장했다. 이정희(2009)는 실증분석을 통해 파트너십이 환경성과를 높이는 데 매우 중요하다는 것을 보여주었다.

따라서 본 연구에서는 중국제조업 기업들의 파트너십이 환경성과에 정(+)의 영향을 미칠 것으로 추정되어 다음과 같은 가설을 제시한다.

H₃: 친환경 공급사슬 관리의 파트너십은 환경성과에 정(+)의 영향을

미칠 것이다.

H3-1: 친환경 공급사슬 관리의 파트너십 - 위험과 보상공유는 환경성과에 정(+)의 영향을 미칠 것이다.

H3-2: 친환경 공급사슬 관리의 파트너십 - 정보공유는 환경성과에 정(+)의 영향을 미칠 것이다.

H3-3: 친환경 공급사슬 관리의 파트너십 - 커뮤니케이션은 환경성과에 정(+)의 영향을 미칠 것이다.

4. 생산자 책임 자원회수와 환경성과와의 관계

1991년 독일의 포장조례에서 시작된 생산자 책임 재활용제도는 제품의 설계, 포장재의 선택 등에서 결정권이 큰 생산자가 재활용체계의 중심적 역할을 수행하도록 유도하는 것이다(이정희, 2009). 서동숙(2005)은 생산자들이 자신들이 만드는 제품의 생산부터 폐기까지의 모든 과정을 환경에 대한 영향을 최소화할 수 있도록 설계하여야 하며, 디자인으로 해결할 수 없는 환경적인 요소에 대하여 법적, 물리적 또는 사회경제적인 책임을 감수했어야 함을 주장한다. Lindhqvist(1992)는 생산과정에서 발생되는 폐기물은 환경과 자원절약 차원에서 적절한 방법으로 관리되어야 하고, 그 책임은 일차적으로 생산자에게 주어졌음을 말한다. 오용석(2008)은, 소니가 다른 글로벌 기업보다 앞선 90년대 초부터 독자적인 환경경영 시스템을 구축하고 기업경영에 접목시켜 환경회계의 효과를 톡톡히 보고 있는 것은, 소니코리아의 경우 비제조업체이기 때문에 초기에 발생하는 환경비용의 부담이 컸지만 생산자 책임 재활용제도나 분리배출 마크표시 등의 환경친화적 제품 생산을 위한 예산책정을 비롯해, 현재의 시스템 유지비를 절감하기 위한 새 시스템 도입계획 등에 적용 가능하였기 때문인 것으로 설명한다.

따라서 본 연구에서는 중국제조업 기업들의 친환경 공급사슬의 생산자 책임 자원회수 또한 기존의 연구와 마찬가지로 환경성과에 정(+)의 영향을 미칠 것인지 규명하기 위해서 다음과 같은 가설을 설정한다.

H₄: 친환경 공급사슬 관리의 생산자 책임 자원회수는 환경성과에 정(+)의 영향을 미칠 것이다.

이러한 가설검정을 위해서 <그림 15>와 같이 '친환경 공급사슬 관리(SCEM)의 주요변수들과 환경성과의 관계'로 요약·정리할 수 있다.

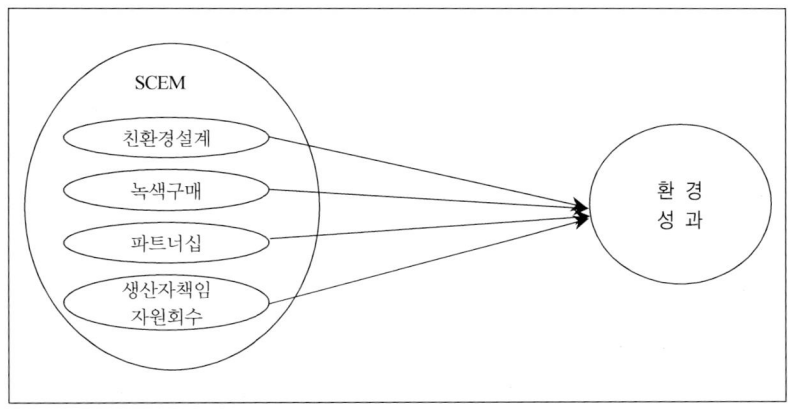

〈그림 15〉 SCEM 주요변수들과 환경성과의 관계

제4절 변수의 구성개념 및 표본선정과 표본조사

1. 변수의 구성개념 조작적 정의

본 연구에서는 조사하고자 하는 구성개념을 측정하기 위해 관련 선행 연구를 분석·검토한 후 요구되는 측정항목을 본 연구의 목적에 적합한 항목들로 선정한다. 중국기업들이 환경경영을 통한 환경성과 향상을 달성하기 위해서 필요한 친환경 공급사슬 관리의 주요변수들인, 친환경설계, 녹색구매, 파트너십, 생산자 책임 자원회수 및 환경성과에 대한 측정항목들을 <표 52>와 같이 정리한다.

<표 52> 변수의 구성개념과 측정항목

변수		측정항목	참고문헌
S C E M	친환경설계	전 과정을 가장 효과적으로 통제할 수 있는 제품설계 단계에서 오염부하, 자원효율성, 에너지 소비, 재활용성 등의 환경성과 경제성, 기술, 품질 등의 경쟁요소를 함께 고려함으로써 경쟁력 있는 제품을 설계, 생산 판매하는 기업경영 활동	황용우(2007), 에코프런티어(2003), 이정희(2009)
	녹색구매	환경에 대한 관심들이 통합된 구매정책, 구매프로그램, 구매실천이며 나아가 자체적으로 엄격한 환경기준을 적용하는 공급자들을 활용함으로써 공급사슬 전체의 환경성을 향상시키는 매개	Min and Galle(1997), Russel(1998), 산업자원부(2006), Andreas and Jansson(2004), 이정희(2009)
	파트너십	상호 의존하는 친밀한 관계를 구축하여 공유된 목표를 전략적으로 성취하기 위하여 지속적인 커뮤니케이션으로 협력을 강화시키는 것	Anderson and Narus(1990), Ellram and Hendrick(1995), La Londe and Cooper(1989), Lambert(1996), 이정희(2009)
	생산자책임 자원회수	포장재에 재료명과 재활용 분리표시를 철저히 하고, 사용이 끝난 제품을 회수·처리 작업하여 재자원화가 되도록 하는 것	Lindhqvist(1992), 오용선(2002), 서동숙(2005), 이정희(2009)
환경성과		환경경영 전 과정에서 생태환경에 미치는 영향을 최소로 줄이고, 환경효율성을 높이는 것	차경훈(2006), 이정희(2009)

2. 표본선정과 표본조사

중국은 매우 광대하고, 인구가 많은 나라이다. 주어진 시간과 비용을 가장 효과적으로 활용하면서, 의미 있는 연구성과를 얻기 위해서는 환경오염에 가장 잘 반응할 것으로 기대되는 합리적 지역선정이 필요하다.

중국정부는 환경법규 제정 및 강화와 관련예산을 확대하고 있고, ISO 14001 인증기업도 빠르게 증가하고 있지만 기업들의 환경경영 수준과 친환경 공급사슬 관리수준은 대체적으로 초보단계이다.

중국품질인증센터(CQC) 공시자료에 의하면, 중국품질인증센터(CQC)는 1992년 2월 13일 중국환경관리시스템기구 인가위원회에서 발급한 국가인가증서를 발급받은 후, 1996년 11월 하문(夏門) ABB변압기유한회사에 중국 첫 ISO 14001 인증서 발급을 시작으로,[10] 1996년부터 2001년까지 ISO 14001 인증을 받은 기업은 매년 200%의 빠른 속도로 증가하여 2001년에는 23,721개 기업[11]에 ISO 14001 인증서를 발급하였다. 이것은 중국국가통계국의 2001년 기업 수(數) 공시자료 171,256개의 13.85%이다. 2007년 중국에서 ISO 14001 인증을 인가할 수 있는 기구(機構)는 96개[12] 정도 되는데, 이들 기구(機構) 중 하나인 '중국환경보호부 환경인증센터 中环联合(北京)인증센터 유한회사'만 2010년 12월부터 2011년 4월 말까지 ISO 14001 인증을 인가해준 기업은 129개에 달한다.[13] 또한 ISO 14001 인증을 받은 기업들을 지역적으로 보면 주요하게 상해시를 포함하는 연해지구(沿海地區)와 심양시를 주요 축으로 하는 동북지역에 분포되어 있음을 확인할 수 있다.

---

10) 자료출처: http://www.cqc.com.cn/chinese/txrz/hjgltxrz/rzjj/webinfo/2006/07/1260325221632089.htm.

11) 자료출처: (중국환경보호산업협회 2001년 초보적인 통계) http://www.caepi.org.cn/ISO/6155.shtml.

12) 자료출처: (중국국가인증인가감독관리위원회) http://www.cnca.gov.cn/cnca/cxzq/rkcx/4424.shtml.

13) 자료출처: http://www.sepacec.com/iso14001/hzqyml/.

본 연구에서는 친환경 공급사슬 관리의 특성을 파악하는데 유용한 업종으로 볼 수 있는 전기기계 및 원자재 제조업, 교통운수설비 제조업, 통신설비 제조업, 컴퓨터 및 기타설비 제조업을 주도하고 있는 동시에 중국경제의 중심역할을 하는 대도시인 상해시와 전통공업 기지인 심양시를 중심으로 설문조사를 하였다. 2010년 5월 1일부터 2011년 3월까지 이들 두 지역의 ISO 인증기업의 생산제조 부문 담당자를 중심으로 직접 방문하는 방법으로 120부의 설문을 회수하였다.

이중 설문문항 간 모순이 없는 응답을 한 91부의 설문을 최종분석에 사용하였다. 응답한 기업의 수가 30개를 초과하기 때문에 중심극한 정리에 의해서 정규분포 이론을 기반으로 만들어진 각종 통계기법을 활용하여 통계적인 의미가 있는 결과를 얻을 수 있을 것이다.

제5절 친환경 공급사슬 관리 사례연구

1. 표본선정, 자료수집 및 표본특성

상해시와 심양시 제조업을 중심으로 진행한 설문조사 결과 120개 기업이 설문조사에 응답하여 120부의 설문이 회수되었는데 이중 설문문항 간 모순이 있거나, 설문응답 내용에 신빙성이 결여되는 것으로 판단되는 29부의 설문을 제외한 총 91부의 설문을 최종분석에 사용하였다. 정리·분석한 결과, 총 91개 기업 중 대기업이 23기업, 중소기업 68기업으로 나타났고, ISO 14001 인증기업이 17개, 기타 ISO 인증기업이 38개, ISO 미인증기업이 36개인 것으로 나타나 총 55(60.44%)개 기업이 ISO 인증을 받은 기업인 것으로 분석되었다. 그리고 직급으로 보면 경리 50명, 과장 22명, 직원 19명인 것으로 나타났다(<표 53> 참조).

<표 53> 표본특성

		상해	심양	합계(%)
설문회수		60	60	120(100)
유효응답		49	42	91(75.83)
기업규모(%)	대기업	12	11	23(25.27)
	중소기업	37	31	68(74.73)
ISO14001 인증(%)	인증기업	10	7	17(18.68)
	기타 ISO인증기업	18	20	38(41.76)
	미인증기업	21	15	36(39.56)
직급	경리	33	17	50(54.95)
	과장	12	10	22(24.18)
	직원	4	15	19(20.87)

2. 변수의 조작적 정의

<표 54> 측정도구의 조작적 정의 및 측정값

단위연구 차 원		항목명	측정항목	평균	표준편차
S C E M	친 환 경 설 계 / 경 제 성	V1	제품설계 시 제품수명 주기 및 효용의 연장을 고려한다.	3.38	0.87
		V2	제품설계 시 자원의 효율성을 고려한다.	3.40	0.74
		V3	제품설계 시 자원의 효율성 측면에서 리필가능성을 고려한다.	2.74	1.11
		V4	제품설계 시 취약부품 교체용이성을 고려한다.	3.20	0.81
		V5	제품설계 시 제품 및 부품의 정비성을 고려한다.	3.34	0.91
	환 경 성	V6	제품 및 부품설계 시 환경기준을 고려한다.	3.38	0.90
		V7	제품 및 부품설계 시 녹색구매를 고려한다.	3.14	0.86
		V8	제품 및 부품설계 시 에너지 저감을 고려한다.	3.20	0.90
		V9	제품 및 부품 설계 시 물질유해성을 고려한다.	3.23	0.99
	녹 색 구 매 / 환 경 규 제	V10	환경규제가 오염예방에 영향을 미친다고 생각한다.	3.12	1.01
		V11	환경규제가 자원재활용에 영향을 미친다고 생각한다.	3.05	0.90
		V12	환경규제가 폐기물저감에 영향을 미친다고 생각한다.	3.01	0.95
	물 질 정 보	V13	자사는 원재료 납품업체로부터 소재, 부품 및 사용물질에 관한 정보를 제공받고 있다.	3.19	0.87
		V14	자사는 공급업체로부터 각종규제 및 환경이슈 관련정보를 제공받고 있다.	2.74	1.02
		V15	자사는 공급업체에게 각종규제 및 환경이슈 관련정보를 제공하고 있다.	2.91	1.20
		V16	자사는 원재료 납품업체로부터 시험분석 성적표를 제공받고 있다.	3.23	1.03

S C E M	파 트 너 십	위험 보상 공유	V17	자사는 공급업체와 이익과 손실을 공유한다.	3.01	0.80
			V18	자사와 공급업체 간 위험과 보상을 분담한다.	3.10	0.90
			V19	자사는 공급업체와 합의한 경영성과 관련 책임 및 보상 에 대한 원칙을 준수한다.	3.16	0.87
		정 보 공 유	V20	자사는 공급업체와 생산계획에 대한 정보를 공유하고 있다.	3.33	0.92
			V21	자사는 공급업체와 생산변경 계획에 대한 정보를 공유 하고 있다.	3.35	0.95
			V22	자사는 공급업체와 재고에 대한 정보를 공유하고 있다.	3.22	1.09
		커뮤 니케 이션	V23	자사는 공급업체와 공동의 목표를 갖고 있다.	3.30	0.81
			V24	자사는 공급업체 경영자와 정기적인 회합을 갖고 있다.	3.14	0.81
			V25	자사는 경영전략 수립과정에 공급업체의 견해를 반영시 키고 있다.	3.08	0.90
			V26	자사는 공식·비공식적으로 공급업체와 다양한 교류활 동을 하고 있다.	3.10	0.94
	생산자 책임 자원회수		V27	자사는 납품업체의 마모 또는 폐기된 부품/조립부품을 납품업체가 회수해가도록 한다.	2.70	1.12
			V28	자사는 공급업체의 납품 시 사용한 포장재를 공급업체 가 회수해가도록 한다.	2.62	1.07
			V29	자사의 폐기제품을 회수하여 재활용한다.	2.85	1.08
			V30	회수된 자사의 폐기제품을 매뉴얼 또는 지침에 의거하 여 관리한다.	2.91	1.15
			V31	자사 폐기제품의 회수에 대한 종업원 교육을 실시한다.	2.88	1.01
			V32	자사 폐기제품에 대한 매뉴얼 또는 지침에 의해 전담직 원들이 처리작업을 한다.	2.90	1.02
			V33	처리 작업일지를 바탕으로 자사의 폐기제품을 회수하여 신제품개발 자료로 재활용한다.	2.69	1.12
환경성과			V34	친환경경영 이후 매출액에 비해 자원사용량이 저감되고 있다	3.00	0.68
			V35	친환경경영 이후 자원재활용이 증가하고 있다.	3.12	0.84
			V36	친환경경영 이후 매출액에 비해 에너지 사용량이 줄어 들고 있다.	3.10	0.86
			V37	친환경경영 이후 매출액에 비해 폐기물 사용량이 줄어 들고 있다	3.16	0.78
			V38	현재 환경경영과 관련된 자원사용량, 자원재활용도, 에 너지사용량, 폐기물사용량 등의 증감 여부를 측정 및 관 리하고 있다.	3.04	0.89

　　선행연구를 토대로 하여 <표 54>와 같이 친환경 공급사슬 관리를 통한 환경성과 향상을 측정하기 위한 항목에 대한 조작적 정의를 한다. 친환경설계는 경제성(5개 항목)과 환경성(4개 항목)으로 구성되며, 녹색구

매는 환경규제(3개 항목)와 물질정보(4개 항목)로 구성된다. 파트너십은 위험과 보상공유(3개 항목), 정보공유(3개 항목), 커뮤니케이션(4개 항목)으로 구성하였으며, 생산자 책임 자원회수는 7개의 항목으로 구성하였다. 그리고 환경성과는 5개의 항목으로 구성하였다. 측정척도는 Likert 5점 등간척도를 이용하였으며 1점은 '매우 낮다' 혹은 '전혀 그렇지 않다', 3점은 '보통', 5점은 '매우 높다' 혹은 '매우 그렇다'를 의미한다. 본 연구는 측정개념의 타당성 검증, 내적 일관성 분석 및 가설을 검증하기 위하여 SPSS 14.0 프로그램을 사용하였다.

3. 타당성 분석

타당성이란 측정도구 자체가 측정하고자 하는 개념이나 속성을 정확히 반영할 수 있어야 함을 의미한다. 본 연구에서는 각 요인 사이에 독립성을 가정한 직각회전 방식에 의한 주성분 분석법(Principle Component Analysis)에 의거한 요인분석을 실시하였다. 평가기준으로 기존 요인분석을 이용한 연구에서 적용한 요인의 설명력(the variance extracted)은 0.50 이상, 요인적재 값은 0.30 이상을 설정한다(Bagozzi · Yi, 1998). 요인분석 결과를 보면 요인설명력은 모두 0.521 이상으로 나타났으며 요인의 적재량이 모두 0.587 이상으로 모든 측정항목이 기준을 충족시킨다(<표 55> 참조).

단위연구 차원			최초 항목	제 거	communality	factor loading	eigenvalue	설명된 분산의 %
S C E M	친환 경설 계	경제성	5	-	0.727 0.664 0.521 0.800 0.860	0.613 0.587 0.722 0.809 0.789	2.468 1.104 0.708 0.495 0.225	71.444
		환경성	4	-	0.731 0.732 0.894 0.913	0.853 0.855 0.804 0.798	2.742 0.528 0.373 0.358	81.732
	녹색 구매	환경규제	3	-	0.976 0.920 0.979	0.903 0.959 0.901	2.547 0.328 0.125	95.843
		물질정보	4	-	0.893 0.922 0.940 0.801	0.794 0.891 0.905 0.855	2.975 0.582 0.329 0.114	88.919
	파트 너십	위험과 보상공유	3	-	0.994 0.864 0.912	0.904 0.919 0.914	2.498 0.272 0.229	92.350
		정보공유	3	-	0.937 0.862 0.981	0.887 0.925 0.863	2.387 0.392 0.220	92.657
		커뮤니케이션	4	-	0.837 0.719 0.811 0.902	0.767 0.775 0.859 0.788	2.547 0.721 0.502 0.230	81.709
	생산자책임 자원회수		7	-	0.901 0.877 0.818 0.850 0.861 0.879 0.769	0.712 0.787 0.890 0.915 0.889 0.924 0.840	5.106 0.850 0.345 0.246 0.185 0.165 0.103	85.076
	환경성과		5	-	0.953 0.781 0.833 0.742 0.643	0.785 0.878 0.876 0.815 0.793	3.448 0.504 0.472 0.353 0.223	79.050

4. 신뢰성 분석

본 연구에서는 다항목으로 측정된 독립변수들의 신뢰도를 저해하는 항목을 찾아내어 측정도구에서 제외하는 방법으로 내적 일관성 여부를 판단한다.14) 신뢰성을 분석한 결과, 모든 항목의 Cronbach's α 값이 0.738~0.937로 나타나 본 연구에 사용된 모든 변수는 내적일관성이 매우 높은 척도인 것으로 나타났다(<표 56> 참조).

〈표 56〉 신뢰도 분석결과

단위연구 차원			최초항목	제거	Cronbach's α
S C E M	친환경 설계	경제성	5	-	0.738
		환경성	4	-	0.847
	녹색 구매	환경규제	3	-	0.911
		물질정보	4	-	0.884
	파트 너십	위험과 보상공유	3	-	0.900
		정보공유	3	-	0.871
		커뮤니케이션	4	-	0.809
생산자 책임 자원회수			7	-	0.937
환경성과			5	-	0.887

5. 기술통계량 및 상관관계

본 연구의 변수 사이의 관계가 어느 정도 밀접한지 확인하기 위하여 Pearson 상관관계 분석을 하였다. 분석결과, 친환경설계와 녹색구매, 친환경설계와 환경성과; 녹색구매와 파트너십, 녹색구매와 생산자책임 자원회수, 녹색구매와 환경성과; 그리고 파트너십과 생산자 책임 자원회

---

14) 일관성의 정도를 검사하는 Cronbach's α 계수를 이용한 내적 일관성 기법(internal consistency)으로 신뢰도를 측정하였다. 일반적으로 Cronbach's α 계수가 0.60~0.70 이상이 되면 측정항목의 신뢰성이 높다고 판단한다(이훈영, 2008).

수, 파트너십과 환경성과; 생산자 책임 자원회수와 환경성과 간에는 관계(특히 正의 관계)가 있는 것으로 나타났다. 한편, 친환경설계와 파트너십, 친환경설계와 생산자 책임 자원회수 간에는 관계(특히 正의 관계)가 없는 것으로 나타났다(<표 57> 참조). 그리고 다중공선성 분석결과에서는 모든 변수들의 공차한계 값이 0.10보다 훨씬 크고, VIF는 10보다 훨씬 작아 공선성의 문제도 없는 것으로 분석되었다. 모든 변수가 환경성과에 정(+)의 영향을 주는 정도가 비슷하다고 볼 수 있으며, 생산자 책임 자원회수와 환경성과는 표준편차가 작은 관계로 변동 폭이 안정적이지만, 나머지 변수들은 표준편차가 매우 크므로 매우 변동적인 것으로 분석된다.

〈표 57〉 변수 간의 상관관계 분석결과

		친환경설계	녹색구매	파트너십	생산자책임자원회수	환경성과	평균	표준편차
친환경설계	Pearson 상관계수 유의확률(양쪽)	1					3.23	6.13
녹색구매	Pearson 상관계수 유의확률(양쪽)	0.387** 0.000	1				3.04	6.67
파트너십	Pearson 상관계수 유의확률(양쪽)	0.108 0.310	0.234* 0.026	1			3.19	6.19
생산자책임자원회수	Pearson 상관계수 유의확률(양쪽)	0.198 0.059	0.466** 0.000	0.508** 0.000	1		2.79	0.92
환경성과	Pearson 상관계수 유의확률(양쪽)	0.457** 0.000	0.556** 0.000	0.349** 0.001	0.629** 0.000	1	3.09	0.67

** 상관계수는 0.01 수준(양쪽)에서 유의함
* 상관계수는 0.05 수준(양쪽)에서 유의함

6. 가설검증

친환경 공급사슬 관리의 친환경설계, 녹색구매, 파트너십 및 생산자

책임 자원회수 요인들과 환경성과와의 인과관계를 분석하기 위하여 회
귀분석을 하였다.

분석결과, 친환경 공급사슬 관리의 친환경설계, 녹색구매, 파트너십
및 생산자 책임 자원회수 요인들과 환경성과 요인과의 인과관계 가설검
증에서 주요인에 관련된 모든 가설들이 채택되었다(<그림 16> 참조).

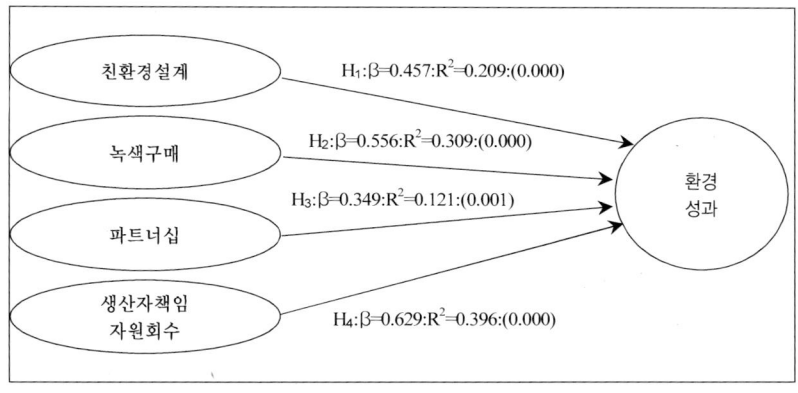

〈그림 16〉 주요인 가설검증 결과

한편 환경성과에 영향을 미치는 주요인들 각각을 구성하는 세부요인
들에 대한 가설검정 결과를 보면, 주요인들을 구성하는 세부요인들에
관련된 7개의 가설들 가운데 6개의 가설들은 모두 채택되었다. 다만 주
요인의 하나인 '파트너십'의 세부요인 '정보공유'에 관련된 가설만은 채
택될 수 없는 것으로 분석되었다(<그림 17> 참조).

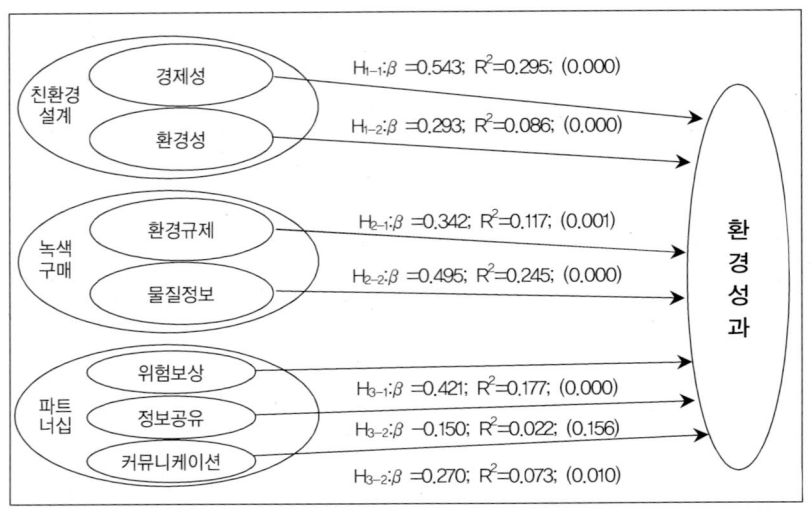

<그림 17> 세부요인 가설검증 결과

자세히 설명하면, 친환경설계 요인의 경제성(가설1-1)과 환경성(가설 1-2)은 β값이 0.543과 0.293으로 모두 유의확률 0.000(P<0.01)에서 통계적으로 유의한 것으로 분석되었다. 그리고 친환경설계(가설1)와 환경성과의 인과관계에서도 β값이 0.457, 유의확률 0.000(P<0.01)에서 통계적으로 유의한 것으로 분석되었다. 따라서 중국기업들의 친환경 공급사슬 관리의 친환경설계는 환경성과에 정(+)의 영향을 미치는 것으로 분석되어 가설 1과 가설 1의 두 세부가설 모두 채택되었다.

녹색구매 요인의 환경규제(2-1)와 물질정보(2-2)는 β값이 0.342와 0.495로 모두 유의확률 0.000(P<0.01)에서 통계적으로 유의한 것으로 분석되었다. 그리고 녹색구매(가설 2)와 환경성과의 인과관계에서도 β값이 0.556, 유의확률 0.000(P<0.01)에서 통계적으로 유의한 것으로 분석되었다. 따라서 중국기업들의 친환경 공급사슬 관리의 녹색구매는 환경성과에 정(+)의 영향을 미치는 것으로 분석되어 가설 2와 가설 2의 두세부

가설 모두 채택되었다.

파트너십 요인의 위험과 보상공유(3-1)와 커뮤니케이션(3-3)은 β값이 0.421과 0.270, 유의확률 0.000(P<0.01), 0.010(P<0.05) 수준에서 통계적으로 유의한 것으로 분석되었다. 그러나 파트너십 요인의 정보공유(3-2)는 β값이 0.150, 유의확률 0.156(P>0.05)으로 나타나 유의수준 0.05에서 통계적으로 유의하지 않은 것으로 분석되어 가설(3-2)은 기각되었다. 파트너십(가설 3)과 환경성과의 인과관계에서는 β값이 0.349, 유의확률 0.001(P<0.01) 수준에서 통계적으로 유의한 것으로 분석되었다. 따라서 중국기업들의 친환경 공급사슬 관리의 파트너십은 환경성과에 정(+)의 영향을 미치는 것으로 분석되어 가설 3은 채택되었다. 그리고 생산자 책임 자원회수는 β값이 0.629, 유의확률 0.000(P<0.01) 수준에서 통계적으로 유의한 것으로 분석되어 가설 4는 채택되었다.

따라서 본 연구의 실증분석 결과를 종합하여 볼 때, 상해시와 심양시 제조기업들의 친환경 공급사슬 관리도 대체적으로 환경성과에 정(+)의 영향을 미치고 있었음을 확인할 수 있다.

제6절 친환경 공급사슬 관리 사례연구 요약

1. 요약 및 시사점

환경경영은 자연환경의 보전과 기업성장의 조화를 최고의 가치로 삼는 새로운 경영패러다임의 추구이다. 기업이윤의 극대화를 최상위목표로 삼았던 전통적인 경영으로는 장기적으로 자연환경의 보전을 통한 지속 가능한 발전을 달성할 수 없다는 자연환경의 보전에 대한 새로운 인식으로, 현재 선진국을 중심으로 기업들에 대해서 환경규제를 강화하고,

핵심기업과 공급업체들에게 자발적인 환경경영체제 인증제도(ISO 14001) 도입을 실시하고 있다.

최근에 중국정부도 환경규제 강화와 환경오염 처리, 환경보호 및 환경개선에 막대한 자금을 투자하고 있다. 환경경영을 통한 지속적인 발전을 추구하는 중국정부의 의지에 걸맞게 중국제조업 기업들의 친환경 공급사슬 관리가 환경성과에 미치는 영향을 분석하기 위해 중국 상해시와 심양시의 ISO 인증기업들을 중심으로 진행된 친환경 공급사슬 관리의 중요요인(친환경설계, 녹색구매, 파트너십 및 생산자 책임 자원회수)이 환경성과에 미치는 영향을 실증분석한 결과를 종합하면 다음과 같다.

첫째, 선구적으로 환경경영을 시행하여온 유럽, 일본 및 미국은 시장경제 원리를 중요시하지만, 본 연구의 대상지역인 중국은 아직도 사회주의적인 요소들이 많은 경영·경제 시스템을 적용하는 나라이다. 그러므로 환경경영을 이미 시행하여 온 선진국들과 다른 요인들에 의해서 환경경영 성과가 개선될 가능성이 있을 것으로 기대하였다. 그러나 환경경영의 성과에 영향을 미치는 요인들은 대부분이 비슷한 것으로 분석되었다.

둘째, 친환경 공급사슬 관리의 중요요인인 친환경설계, 녹색구매, 파트너십 및 생산자 책임 자원회수 요인 모두 환경성과에 정(+)의 영향이 미치는 것으로 분석되었지만 파트너십의 세부요인 정보공유는 환경성과에 정(+)의 영향이 미치지 않는 것으로 분석되었다. 刘旺盛(2004)은 중국 대부분 기업들이 정보공유에서 존재하는 문제점을 다음과 같은 두 가지로 요약하였다. ① 기업의 정보화 정도가 느리고, 각종 생산, 원가, 판매 및 회계정보를 제때에 처리하지 못한다. ② 많은 기업들이 일반적으로 구매정보를 제외한 기타정보를 다른 기업들과 완전 공유하는 것을 원하지 않는데, 이것은 중국기업들의 공급사슬 관리에서 정보공유의 제일 큰 걸림돌이라 하였다. 따라서 이와 같은 상황은 刘旺盛(2004)의 주장과 동일한 결과로 판단된다.

셋째, 친환경설계의 환경성(性)과 녹색구매의 환경규제는 환경성과에 정(+)의 영향을 미치는 것으로 분석되었는데, R^2 값이 모두 0.20보다 낮아 회귀식의 설명력이 매우 낮은 것으로 나타났다. 이것은 중국 상해시와 심양시의 제조기업 기업인들이 친환경 공급사슬 관리에 발생하는 상당한 추가적인 비용 때문에 제품설계 시 환경성보다는 경제성을 더 고려하는 것으로 분석된다. 그리고 중국환경보호국 특히 상해시와 심양시의 환경규제가 해당 지역 제조업들의 오염예방, 자원재활용 및 폐기물 저감개선에 그다지 영향을 미치지 못하는 것으로 추정된다. 또한 기업은 기본적으로 수익단위이기 때문에 장기적으로 아무리 환경경영이 중요하다 할지라도 그것이 상당한 기간 동안 비용만 발생시키고 편익이 발생되지 않는다면, 또는 편익이 비용보다 적다면 환경경영을 추진하지 않을 것이라는 김창수(2010)의 주장을 입증하는 분석결과인 것으로 판단된다.

넷째, 파트너십의 위험과 보상공유, 커뮤니케이션도 환경성과에 정(+)의 영향을 미치는 것으로 분석되었지만 R^2 값이 0.20보다 낮아 회귀식의 설명력이 매우 낮다. 그러므로 친환경 공급사슬 관리 협력업체들 간 정보공유가 원활하지 않을 가능성이 높을 것으로 추정된다. 이것은 최고경영자를 비롯한 조직구성원들의 환경에 대한 인식부족과 가치기준의 혼동으로 적극적인 참여가 부족한 점도 있으며 환경문제에 대한 불확실성, 전문성 부족의 한계도 있는 것으로 추정된다. 또한 정보공유가 원활하지 않기 때문에 커뮤니케이션도 원활하지 않게 나타난 것으로 짐작된다.

본 연구의 분석결과를 정리하여 보면, 환경문제의 해결에는 장기적 접근이 필요하므로 단기적 이윤추구에 집착하는 경향이 있는 전통적 기업경영 목표와 환경경영 목표는 종종 상충될 수 있다. 따라서 기업이 새로운 환경경영 패러다임을 수용하고자 한다면, 단기적 차원에서의 기업경영의 어려움을 감내하여야만 할 것이다. 왜냐하면 기업의 지속적인 발전을 위해서는 공급사슬에 관련된 협력업체들과의 정보공유, 위험과 보상의 공유 및 커뮤니케이션 등과 같은 쉽지 않은 제약요인들을 개선해야만 하기 때문이다. 환경성과와 경제성과의 동시 추진에 따른 기업의 어려움을 효과적으로 도와주기 위해서는 관련 기업인들을 대상으로 한 환경경영 교육프로그램을 충분히 제공할 필요가 있다. 문제해결에 적합한 양질의 교육은 대부분 좋은 결과를 가져다주기 때문이다. 후손들에게 잘 보존된 환경을 물려주는 것의 소중함을 깨닫게 할 수 있는 홍보와 캠페인을 통해 생산자들 및 소비자들 모두가 자연환경의 가치를 자각하게 함으로써 자원소비를 절약하고 녹색상품이 애용될 수 있는 풍토를 조성한다. 정부차원에서도 다양한 지원정책이란 당근과 적정규제라는 채찍을 적절히 병행하는 노력을 할 때 더욱 바람직한 환경성과가 나올 수 있을 것으로 시사된다.

2. 연구의 한계점 및 향후 연구방향

본 연구의 한계점은 첫째, 직접 방문하는 방법으로 약 1년 동안 설문조사를 진행하였음에도 불구하고 적지 않은 기업들의 설문조사 거부로 충분한 표본을 확보하지 못하였다. 둘째, 접근 가능한 정보·자료가 제한된 관계로 조사대상 기업이 ISO 14001 인증을 받은 기업인지를 사전에 확인할 수 없었다. 그 결과 최종분석에 사용된 입력자료들 가운데 17개(18.68%)의 ISO 14001 인증기업들의 자료들만 포함될 수 있었다. 셋째, 상해시와 심양시만을 대상으로 하였기 때문에 본 연구의 결과를 중국의 전체적인 상황으로 일반화하기에는 미흡하다. 따라서 향후 본 연구의 이러한 한계점을 보완하면서, 설문조사 대상지역과 표본의 수를 증대시킨 후속연구를 수행하고자 한다.

제8장

중국 각 지역 제조업의 환경경영 효율성

제1절 중국제조업의 환경경영

지속 가능한 발전이 세계의 새로운 패러다임으로 등장한 가운데 환경 문제는 인류의 생존과 번영을 위해 가장 기본적이고 중요한 이슈가 되고 있다(이정희, 2008). 산업혁명 이후 급속한 산업화, 도시화, 공업화의 부산물로 인하여 오늘날의 자연생태계는 지구온난화, 오존층 파괴, 수질오염, 산성비 등 심각한 환경문제를 안고 있는 실정이다. 이처럼 각국의 환경파괴로 인해 지구의 환경문제가 심각한 수준까지 진행됨에 따라 환경문제가 전 세계적인 이슈로 등장하고 있다. 특히, OECD(Organization for Economic Cooperation and Development), WTO(World Trade Organization)를 중심으로 환경관련 문제를 해결하려는 노력이 진행 중에 있으며, 그 중에서도 지구온난화를 유발하는 이산화탄소 배출을 줄이기 위한 기후변화협약이 1992년 이미 채택되어 발효되고 있다(이일한, 2006). 이처럼 환경문제가 전 세계의 공통관심사로 제기됨에 따라 21세기 인류가 해결해야 할 가장 중요한 명제는 지속 가능한 개발이고, 지속 가능한 개발의 핵심 분야가 친환경인 것이다(김도경·임남웅, 2004).

이렇게 최근 환경문제가 전 인류의 문제로 부각되고 있고, 지속 가능한 발전(sustainable development)에 대한 논의와 이를 추구하기 위하여 생태, 경제적 효율성(Eco-efficiency)을 강조하는 환경경영이 새로운 기업경영 패러다임으로 대두되고 있음에도(김장환 등, 2005) 많은 기업들은 환경을 비용으로 보고 있다. 그러나 환경은 단순한 비용이 아닌 경제적 자원이자 국가경쟁력의 원천이다(김성수, 2004).

지난 30여 년 동안 연평균 10%에 가까운 초고속 성장을 해온 중국은 에너지부족과 환경오염 문제에 시달려 오고 있다. 1973년에 최초로 전국환경보호회의를 개최하고 1978년 제2차 환경보호회의를 통하여 오염배출 부과금제 및 오염목표 책임제 등의 제도를 규정하였지만 실제집행은 제대로 이루어지지 않았다. 1996년 이후 중국은 환경문제 해결을 위해 환경법규를 점차적으로 정비하기 시작하여 오염배출 기업을 규제하는 한편 관련예산을 확대하고 있다. 특히 베이징올림픽을 계기로 중국은 오염문제 해결에 많은 노력을 기울였다. 중국은 2008년 환경오염 처리에 4,490.3억 위안(중국화폐)을 투자하였는데, 이는 전년대비 32.6% 증가된 것으로써 2008년 GDP의 1.49%에 해당하는 금액이다.

본 연구는 중국 각 지역이 환경개선 투자활동을 진행하고 있지만, 지역 간 환경사업의 효율성에 차이가 있을 것이라는 전제하에 중국통계연감(中華人民共和國統計年鑑)의 2003년부터 2008년까지 6년간 제조업분야 통계자료를 이용하여 각 성·시 제조업의 환경사업 효율성을 분석하고, 이러한 분석을 토대로 중국 각 성·시 제조업의 환경사업 효율성 정도를 분석하는 것을 목적으로 하고 있다. 이러한 분석을 통해 비효율적으로 진행되고 있는 지역을 파악하고, 비효율성의 원인을 도출하여, 효율적으로 운영될 수 있도록 하는 기초정보를 제공할 수 있을 것이다. 본 연구는 효율성의 문제로 거의 다루어지지 않았던 중국 각 성·시의 환경사업을 분석대상으로 하여 DEA를 이용하여 분석하였다는 점에서 의의를 가진다고 할 수 있겠다.

제2절 환경경영 효율성

1. 효율성 개념

효율성은 기본적으로 '투입과 산출'의 관계를 다루는 것으로써, 투입과 산출의 어느 한 측면이 아니라 양자의 관계에 초점을 맞추는 개념으로 경제학, 경영학, 산업공학, 행정학 등 다양한 학문분야에서 널리 활용되어 왔다. 경제학자들은 효율성을 특정 조직단위가 자원을 활용하여 산출물이나 결과물을 어떻게 창출해내는가를 표현할 때 사용해왔는데, 완전 경쟁시장에서 자원배분의 총비용이 최소화되는 상태를 경제적으로 효율적인 상태 즉, 파레토 최적상태로 인식하여 왔다(엄준용, 2010). 경영학 관점에서는 Taylor의 과학적 경영이론을 시발점으로 하여 Mayo의 Hawthorne 공장실험에 의한 인간관계적 접근과 행동과학적 접근을 통해 발전해온 것으로, 효율성 향상은 인간의 민주적이고 참여적인 접근을 통해서 가능하며, 투입과 산출의 양 측면 모두를 향상시키는 방법으로 접근하고 있다(신현대, 2004; Hoy · Miskel, 2008).

모든 사업의 성과는 여러 가지 방법을 통하여 측정하고 평가되어야 하는데, 효율성은 효과성, 경제성, 생산성 등과 함께 성과측정을 위한 중요한 개념으로 함께 사용되고 있다. 효율성은 투입요소와 산출요소 간의 관계를 다루는 개념으로, 일반적으로 기술적 효율성(technical efficiency), 순수기술효율성(pure technical efficiency), 규모의 효율성(scale efficiency)으로 분류된다. 기술적 효율성은 주어진 투입으로 최대의 산출을 달성하는 것으로써, 투입을 줄이거나 산출을 늘리는 것을 통해 기술적 효율성을 달성할 수 있게 된다. 순수기술효율성은 규모의 변화에 따른 효율성을 제거한 순수한 기술적 요인에 의한 효율성을 측정하는 것으로써 일반적으로 DEA(Data Envelopment Analysis) 모형 중 BCC 모형(Banker · Charnes · Cooper, 1984)이 대표적으로 사용되고 있다. 규모의 효율성은 조직의 규모가 커짐에 따라 나타나는 효율성의 개념을 의미한다.

2. 효율성 관련 선행연구

환경오염이란 인간의 생산 및 소비를 위한 제반활동으로부터 발생되는 대기오염, 수질오염, 토양오염, 해양오염, 방사능오염, 소음, 진동, 악취, 일조방해 등으로 사람의 건강이나 생존환경에 피해를 주는 상태를 말한다(박민규, 2004). 세계지속가능발전기업협의회(WBCSD; World Business Council for Sustainable Development)는 환경효율성을 "환경인간의 욕구를 만족시키면서 생활의 질을 높이는 제품과 서비스를 그 수명주기 전체에 걸쳐 환경에 대한 영향과 자원의 사용량을 지구가 허용할 수 있는 한도 이하로 점차 낮추어 가면서 경쟁력 있는 가격으로 제공하는 것이다"라고 정의하고 있다(정길채 · 장지인, 2006). 조중래(2001)는 진정한 환경효율성은 주어진 자원 투입량, 또는 환경적 영향으로부터 얼마나 더 많은 산출물을 얻을 수 있는지를 보여주는 것이라 하였다.

정민국(1996)의 연구에서는 경제성장과 환경오염 해결이라는 이율배반적인 성격을 고려하여 어느 수준까지 오염을 통제하는 것이 적정한가를 규명하고, 적정오염 수준 측정을 위해 필요한 환경재의 가치평가 방법을 고찰하였으며, 경제적인 유인정책을 중심으로 환경정책의 효과를 비교 분석하였다. Boyd · McClelland(1999)와 조주현 등(2003)은 환경규제와 관련된 효율성 분석을 하였다. Fare et al.(1993), Coggins·Swinton(1996), Swinton(1998) 등은 오염물질의 잠재가격 또는 비용을 추정한 연구를 진행하였으며, 정길채(2005)는 환경효율성의 측정지표 개발을 위한 탐색적 연구를 실시하였다. 그리고 강상목 등(2009)은 한국과 중국의 제조업 경쟁력에 영향을 줄 수 있는 지표로 기술효율성과 생산성 변화, 환경효율성과 환경생산성 변화, 오염의 잠재가격을 측정하여 비교하였다. 정길채·장지인(2006)은 일부 단체나 연구자들이 환경성과(environment performance)와 환경효율성(environment efficiency)의 차이를 구체적으로 설명하지 않는 경우가 많다고 지적하면서, 환경성과는 경제적 수치와 연계시키지 않는 경우에만 사용하고, 환경효율성은 환경성과 수치를 경제적 성과수치와 연계시켜서 언급하는 경우에만 사용해야 한다고 주장하고 있다. 그들은 환경회계 관련정보의 외부공시 방법으로 환경효율성 지표를 제안하였는데, 이는 용수사용량(환경항목)을 부가가치(재무항목)로 나눈 값으로 정의하고 있다. 정영근 등(2004)은 환경과 경제를 연계한 환경효율지수를 사용하여 OECD 주요국가들을 대상으로 환경경제 효율성을 측정하였으며, 이를 바탕으로 국가경쟁력 향상을 위한 정책활용 방안을 제시하였다.

邓晓红 et al.(2009)은 도시운영 사업을 평가하는 두 가지 지표로 경제운영 효율성과 환경경영 효율성을 제시하였으며, DEA 방법 중 CRS 모형을 이용하여 간쑤(甘肅)성 12개 도시의 2003년과 2004년 경제운영 효율성과 환경경영 효율성 지수를 계산하였다. 또한 CRS(Constant Return to Scale) 모형과 VRS(Variable Return to Scale) 모형의 계산결과로부터 각 도시의 규모에 대한 수익이 발생되고 있음을 파악하였다. 杨俊 et al.(2010)은 1998년부터 2007년까지 중국 성급(省際) 환경효율성을 실제 오염배출과 잠재적인 오염배출로 측정하여 높은 관련성이 있음을 검증

하였다. DEA 이론에 의한 중국의 환경효율성을 실증분석한 것으로는 卜亦文(2006)의 연구도 있다.

이상의 선행연구들을 살펴보면 효율성 분석은 환경규제, 환경효율성 측정지표, 실제 오염배출과 잠재적인 오염배출 측정을 통한 환경효율성 분석, 환경효율성과 환경생산성 변화 등 여러 가지 목적으로 연구되고 있지만, 중국의 국가정부기관, 즉 국가통계국이나 환경보호국의 통계자료를 이용하여 국가 차원의 환경사업에 대한 효율성을 측정한 연구는 아직 발견하지 못하였다. 따라서 본 연구에서는 선행연구들과 달리 중국환경보호국의 제조업관련 통계자료를 중심으로 투입물과 산출물을 선정하고, 각 지역(31개)의 환경사업 효율성을 산출하여 국가 차원에서 중국제조업의 환경사업 효율성을 측정해보고자 한다.

제3절 효율성 측정방법론 및 자료의 이용

1. 자료포락분석(DEA: Data Envelopment Analysis)

DEA 모형의 출발점이 되는 효율성 개념은 Farrell(1957)이 Debreu(1951) 와 Koopmans(1951)의 연구에 기초하여 체계적으로 정리한 것이다. 기업의 생산과정에 있어서 효율성은 생산조직이 사용한 투입물에 대한 산출물의 비율로 정의된다(Anthony · Dearden, 1980). 다시 말해 효율성이란 일정한 양의 투입을 통해 얻을 수 있는 최대한의 산출, 또는 일정한 산출을 얻기 위해 최소한의 투입이 이루어진 경우를 의미한다. DEA 분석방법은 각 의사결정 단위(DMU; Decision Making Unit)의 가중된 투입물의 합과 가중된 산출물의 합의 비율을 평가하여 각 행정조직의 효율성을 측정하는 방식이다(김건위 · 최호진, 2005).

DEA는 각 DMU별로 관리·운영상의 문제점과 해답을 제시해줄 수 있다(유금록, 2004). 첫째는 특정 DMU가 집단 내의 나머지 DMU들에 비해 어느 정도 비효율적으로 운영되고 있는지에 관한 정보를 제공해준다. 즉, DMU가 효율적 프론티어로부터 어느 정도 떨어져 있는지에 관한 정보를 제공해준다. 둘째는 비효율적인 DMU가 어떻게 개선될 수 있는지에 관한 문제의 해결방향을 제공해준다. 즉 비효율적인 DMU가 나머지 DMU들에 비해 효율적으로 되기 위해 투입요소를 얼마나 많이 감소시켜야 하고, 산출물을 얼마나 많이 증가시켜야 하는지에 관한 정보를 제공해준다. 따라서 경영자는 상대적으로 비효율적인 DMU들을 식별하고 비효율성의 크기를 측정할 수 있을 뿐만 아니라 경영개선을 위한 지침을 제공하기 위해 DEA를 활용할 수 있다(황석원 등, 2009). 또한 DEA는 생산 또는 비용함수를 추정하지 않고 실제 조직별 자료에 대한 선형계획법을 적용하여 구축되는 프론티어(생산가능곡선)를 기준으로 각 조직의 상대적인 효율성을 평가하는 비모수(nonparametric) 접근법인 것이다. 그러므로 선험적인 함수형태와 오차항의 분포에 대한 가정을 할 필요가 없고 표본의 평균이 아니라 가장 효율적인 조직들을 기준으로 조직별 효율성이 측정되며, 산출물과 투입물이 각각 다수일 경우에도 투입물의 가격에 대한 정보 없이 효율성을 분석할 수 있는 장점으로 인해 널리 쓰이고 있다.

그러나 DEA와 같은 비모수적 방법에 의해 계산된 추정치(효율성 값)는 통계적으로 일관성(consistent)의 유무와 편향성 정도를 확인할 수 있는 방법이 없다. 즉, 추정치가 참값과의 관련성을 말해주지 못하며 신뢰구간을 알 수 없고 추정방법도 없다. 또한 추정과정에 대한 가설검정(그룹 간의 비교), 규모의 수익성(return to scale)이 어렵다는 단점이 있다(Simar·Wilson, 2000).

하지만 김성호 등(2007)은 효율성의 측정이 중요한 이유로 다음과 같은 두 가지를 제시하고 있다. 첫째는 효율성을 성공의 지표로 생산조직을 평가하는 데 사용할 수 있다는 점이다. 두 번째로는 효율성을 측정하고 여기서 생산환경의 영향력을 분리함으로써 효율성 차이의 원인에 관한 가설을 검정해볼 수 있다는 것이다. 그리고 효율성 차이의 원인을 파악하는 것은 성과를 개선하기 위한 공공부문 및 민간부문의 정책 및 전략수립에 필수적인 것일 뿐만 아니라 궁극적으로는 국가의 성장 및 효율성에 관한 연구로 확대하여 적용할 수도 있는 것이다.

투입물에 대한 산출물의 비율에 해당하는 효율성의 평가와 관련하여 생산조직이 단일 투입요소를 사용하여 단일 산출물을 생산하는 조직의 효율성 계산은 간단하지만, 대부분 생산조직은 다수의 투입요소를 사용하여 다수의 산출물을 생산하고 있다. 이러한 다수투입, 다수산출의 경우 효율성을 계산하기 위해서는 다수 투입요소에 가중치를 적용하여 총합한 총괄투입과 다수의 산출물에 가중치를 적용하여 총합한 총괄산출을 계산하는 과정이 필요하다(식(2.1) 참조).

$$효율성 = 산출물의\ 생산량\ /\ 투입요소의\ 사용량 \qquad (2.1)$$
$$= \frac{y_1 u_1 + y_2 u_2 + \cdots + y_r u_r}{x_1 v_1 + x_2 v_2 + \cdots + x_i v_i}$$

여기서 s = 산출물의 수,　　m = 투입요소의 수
y_r = r번째 산출물의 생산량
u_r = r번째 산출물에 대한 가중치
x_i = i번째 투입요소의 사용량
v_i = i번째 투입요소에 대한 가중치

DEA는 동질성(homogeneity)을 갖는 조직의 투입대비 산출의 효율성

을 평가하는 방법으로, 다양한 종류의 모형을 가지고 있다. DEA 모형들은 투입과 산출 중 어느 것을 고정시키고, 나머지 요소에 대해서 비효율적인 부분을 찾느냐에 따라서 투입지향 모형과 산출지향 모형으로 나누어진다. 또한 효율성 측정에 있어서 규모의 효과(effect of scale)를 고려하느냐에 따라서 CCR 모형과 BCC 모형으로 구분할 수 있다(Coelli et al., 1998; Cooper et al., 2006).

2. CCR 비율모형

일반적으로 DEA에서는 이 모형을 소개한 학자들(Charnes, A., Cooper, W. W., and Rhodes, E.) 이름의 첫 문자(initial)를 모아 CCR 모형이라고 부른다. CCR 모형은 의사결정 단위(DMU)별 투입·산출 자료가 주어진 상태에서 DMU별로 효율성을 평가하기 위해 가중치를 계산하는 최적화 모형이다. k번째 DMU의 효율성 즉 k번째 DMU의 총괄투입에 대한 총괄산출의 비율 Ek는 다음 식(2.2)과 같이 나타낼 수 있다.

$$E_k = \frac{\sum\limits_{r=1}^{s} y_{kr} u_{kr}}{\sum\limits_{i=1}^{m} x_{ki} v_{ki}} \qquad (2.2)$$

CCR 모형에서 n개의 DMU에 대한 가중치를 계산하기 위해서는 n개의 CCR 모형이 필요하며 이에 대한 최적해를 구해야 한다. k번째 DMU의 효율성을 평가하기 위한 CCR 비율모형은 다음 식(2.3)과 같이 나타낼 수 있다.

$$Maximize \quad E_k = \frac{\displaystyle\sum_{r=1}^{s} y_{kr} u_{kr}}{\displaystyle\sum_{i=1}^{m} x_{ki} v_{ki}} \quad\quad (2.3)$$

$$st.$$
$$v_{ki} \geq \varepsilon, \quad i = 1, 2, \dots m$$
$$u_{kr} \geq \varepsilon, \quad r = 1, 2, \dots s$$

$$E_{kj} = \frac{\displaystyle\sum_{r=1}^{s} y_{jr} u_{kr}}{\displaystyle\sum_{i=1}^{m} x_{ji} v_{ki}} \leq 1, \quad\quad j = 1, 2, \dots n$$

여기에서,

E_k = 평가대상 DMU의 효율성 점수
y_{kr} = 의사결정단위 k에 의해 생산된 산출요소 r의 양
x_{ik} = 의사결정단위 k에서 사용된 투입요소 i의 양
u_r = 산출요소 r에 부여하는 가중치
v_r = 투입요소 r에 부여하는 가중치
n = 평가대상 DMU의 수
s = 산출물의 수
m = 투입물의 수
ε = 아주 작은 양수

1) CCR 승수모형

CCR 비율모형은 선형계획법 모형으로 변환할 수 있는데, 선형계획법 모형으로 변화된 모형을 CCR 승수모형(CCR multiplier model)이라고 한다. 투입방향 CCR 승수모형은 다음과 같다.

$$Maximize\ E_k = \sum_{r=1}^{s} y_{kr} u_r \qquad (2.4)$$

$st.$

$$\sum_{i=1}^{m} x_{ki} v_i = 1$$

$$\sum_{r=1}^{s} y_{jr} u_r - \sum_{i=1}^{m} x_{ji} v_i \leq 0, \quad j = 1,2,...,n$$

$$v_i \geq \varepsilon, \quad i = 1,2,...,m$$

$$u_r \geq \varepsilon, \quad r = 1,2,...,s$$

여기에서,

E_k = 평가대상 DMU의 효율성 점수
y_{kr} = 의사결정단위 k에 의해 생산된 산출요소 r의 양
x_{ik} = 의사결정단위 k에서 사용된 투입요소 i의 양
u_r = 산출요소 r에 부여하는 가중치
v_r = 투입요소 r에 부여하는 가중치
n = 평가대상 DMU의 수
s = 산출물의 수
m = 투입물의 수
ε = 아주 작은

이 모형의 최적해를 $v_i^*(i=1,2,...,m)$, $u_r^*(r=1,2,...,s)$, E_k^*라고 할 때, 최적해가 $E_k^* = 1$이면 DMU k는 효율적인 DMU로 평가되고, $E_k^* < 1$이면 DMU k는 비효율적인 DMU로 평가된다.

2) 투입방향 CCR 포락모형

CCR 모형은 선형계획법 모형이며 따라서 CCR 승수모형을 원본모형으로 한 쌍 대모형을 정의할 수 있고 이를 CCR 포락모형(envelopment model)이라 한다. 투입방향 CCR 포락모형은 다음 식(2.5)과 같다.

$$Minimize \quad \theta_k \qquad\qquad (2.5)$$

$$st. \quad \theta_k X_{ki} \geq \sum_{j=1}^{n} X_{ji} \lambda_j$$

$$Y_{kr} \leq \sum_{j=1}^{n} Y_{jr}\lambda_j$$

$$\lambda_j \geq 0, \quad j = 1, 2, ..., n$$

θ : 제약 없음

CCR 모형은 규모에 대한 수익불변을 가정한다는 의미에서 CRS(Constant Return to Scale) 모형이라고도 한다. 예를 들어 투입을 2배 증가시키면 산출도 2배가 되어야 한다는 것으로써 규모가 커짐에 따라 발생되는 효율성은 인정하지 않는 것이다. 따라서 CCR 모형에서 비효율적인 지역(DMU-성, 시)이 BCC 모형에서 효율적으로 나타나면 이것은 해당지역의 상대적 효율성이 규모의 원인으로 인해 CCR 모형에서 비효율적으로 평가된 것이라고 할 수 있다(김용태, 2009).

평가대상 DMU의 벤치마킹 DMU들의 λ합에 의해 평가대상 DMU가 규모수익불변(CRS), 규모수익증가(IRS), 혹은 규모수익감소(DRS)에 있는지를 파악할 수 있다. λ의 합이 1인 경우, 평가대상 DMU는 최적규모에 있기 때문에 규모수익불변(CRS)에 있다. 투입물의 증가율과 산출물의 증가율이 동일한 경우로 평가대상 DMU는 최적규모에서 운영되고 있는 경우이다.

Lovell(1993)에 의하면, BCC 모형은 단기적으로 빠른 변화를 성취하기 위해 규모의 경제라는 변수를 고려하여 효율성을 측정하는 경우에 적합하고, CCR 모형은 규모의 경제라는 변수를 고려하지 않는 장기적인 관점에서의 효율성 평가에 적합하다고 하였다.

3. BCC 수리모형

1) BCC 모형

CCR 모형으로 효율성을 측정하면 기술적 효율성과 규모의 효율성이 결합된 전반적 효율성이 나타나게 된다. 이러한 문제점을 보완하기 위해 Banker·Charnes·Cooper(1984)는 규모에 기인한 비효율성을 고려하기 위해 규모수익 가변모형(BCC model)을 제시하였다. 이 방법은 모든 투입요소를 비례적으로 증가시킬 때 나타나는 산출을 분석하는 방법으로, 규모의 효과가 제거되고 최적이 아닌 상태에서 경영의 효율성만을 측정하기 때문에, 이렇게 측정된 경영효율성을 순수기술적 효율성이라고 한다. 그리고 BCC 모형은 효율성을 평가함에 있어 규모의 수익효과를 파악하고 이를 전반적 효율성에서 분리시켜 규모의 효율성을 제외한 순수한 기술적 효율성에 의해 효율적인 DMU들을 구분할 수 있도록 해준다. 즉 투입규모가 작을 때 규모수익 체증이 나타나고, 투입규모가 커짐에 따라 규모수익 불변의 단계를 거치게 되는데 이러한 규모수익 체감을 나타내는 것을 변동규모 수익(VRS: Variable Return to Scale)이라고도 한다. BCC 모형의 효율성 값은 주어진 생산 규모하에서의 순수기술효율성을 의미하는데, 과다한 인력, 과다한 설비의 보유, 과다한 일반관리비의 지출 등이 내재되어 있는 경우에 비효율적인 조직으로 판명된다.

2) BCC 승수모형

Banker·Charnes·Cooper(1984)는 규모의 효과가 의사결정 단위에 대하여 변동적임을 가정하고 변동효과를 통제함으로써, 기술적 성과를 분리하여 측정할 수 있는 모형을 제안하였다. BCC 모형은 CCR 모형의 가정 중에서 규모수익불변을 극복하고 가변적 규모의 수익성의 가정을 반영하여 규모의 효율성과 기술효율성을 구분하기 위하여 원래의 DEA 모형을 변형시킨 것이다. 투입방향 BCC 승수모형은 다음 식(2.6)과 같다.

$$Maximize \quad E_k = \sum_{r=1}^{s} y_{kr} u_r - \omega_j \qquad (2.6)$$

$$st.$$

$$\sum_{i=1}^{m} x_{ki} v_i = 1$$

$$\sum_{r=1}^{s} y_{jr} u_r - \sum_{i=1}^{m} x_{ji} v_i - \omega_j \leq 0, \qquad j = 1, 2, ..., n$$

$$vk_i \geq \varepsilon, \quad i = 1, 2, ..., m$$

$$u_{rk} \geq \varepsilon, \quad r = 1, 2, ..., s$$

여기에서,

E_k = 평가대상 DMU의 효율성 점수
y_{kr} = 의사결정단위 k에 의해 생산된 산출요소 r의 양
x_{ik} = 의사결정단위 k에서 사용된 투입요소 i의 양
u_r = 산출요소 r에 부여하는 가중치
v_r = 투입요소 r에 부여하는 가중치
n = 평가대상 DMU의 수
s = 산출물의 수
m = 투입물의 수
ε = 아주 작은 양수
ω = 무제약 변수

식(2.6)에서 ω_j는 규모에 대한 수익지표(indicator of return to scale)로 $\omega_j > 0$이면 규모의 수익체증(Increasing Return to Scale: IRS)이고, $\omega_j = 0$이면 불변규모의 수익(Constant Return to Scale: CRS)이며, $\omega_j < 0$이면 규모의 수익체감(Decreasing Return to Scale: DRS)이 된다.

CCR 모형에 의한 가중치가 기술적인 효율을 극대화하는 가중치라고

한다면, BCC 모형에 의해 도출된 가중치는 규모의 효율을 극대화시키는 가중치이다. CCR 모형에서 도출된 효율성은 규모의 효율성을 포함한 전체적인 효율성이고, BCC 모형에서 도출된 값은 규모의 효율성을 배제한 순수기술적 효율성이다. 따라서 규모효율성은 CCR 모형으로 평가된 효율성을 BCC 모형으로 평가된 효율성으로 나눈 비율로 측정될 수 있다. 이 값이 1에 근접할수록 최적규모에 가까운 것으로 해석할 수 있다. 규모의 효율성 값이 1이면 DMU는 불변규모수익의 특성을 가지며, 최적규모 상태에 있음을 의미한다(Thanassoulis, 2001).

4. 규모의 효율성

규모의 효율성은 특정한 투입·산출 배합하에서 평균생산량이 최대로 되는 점과 현재의 산출수준을 비교하는 데 많이 사용되는 방법이다. CCR 모형으로 산출된 효율성은 기술적 효율성과 규모의 효율성이 혼합되어 나타나기 때문에 CCR 모형에서 얻어지는 전반적 효율성 값과 규모수익가변(Variable Return to Scale)을 가정하는 BCC 모형에서 산출된 순수기술효율성의 값을 이용하여 규모의 효율성을 추정해낼 수 있다. 즉, 규모의 보수불변 상태(Constant Return to Scale)에서 결정되는 최적 산출물 수준(전반적 효율성)과 규모의 수익증가 또는 감소가 일어날 때 (Variable Return to Scale) 발생하는 산출물(순수기술효율성)을 비교하여 효율성을 계산하게 된다(Cooper et al., 2000). 이러한 개념을 이용하여 효율성을 분해하면 다음의 식(2.7)과 같다.

기술효율성(TE)

$$= 순수기술효율성(PTE) \times 규모효율성(SE) \qquad (2.7)$$

이러한 분해는 비효율성의 원인이 운영에 의한 것인지, 아니면 규모로 인한 불리한 상황에 의한 것인지, 또는 두 가지 모두에 의한 것인지를 분석할 수 있다. CCR 효율성은 BCC 효율성보다 작거나 같기 때문에 규모효율성은 1보다 작거나 같다. 규모의 효율성(SE: Scale Efficiency)을 비율형태로 나타내면 다음 식(2.8)과 같다.

$$SE := \frac{\theta^*_{CCR}}{\theta^*_{BCC}} \qquad (2.8)$$

여기서 θ^*_{CCR} 은 DMU의 CCR 효율성
θ^*_{BCC} 은 DMU의 BCC 효율성

규모의 효율성은 대상 DMU가 얼마나 규모의 경제에 접근하였는가를 측정한 것으로 SE=1이면 규모에 대한 수익불변 상태로 규모의 비효율이 존재하지 않는다는 것이다. SE<1인 경우는 규모에 대한 수익체증 혹은 규모에 대한 수익체감의 상태로 규모의 비효율이 존재한다는 것을 의미한다. 이 경우 순수기술효율성을 산출하기 위한 식 $\sum_{j=1}^{n} \lambda_j = 1$ 대신에 $\sum_{j=1}^{n} \lambda_j \leq 1$ 을 첨가함으로써 규모의 수익증가인지 아니면 감소인지를 판단한다. 만약 두 식을 첨가한 목적함수 값이 동일하다면 규모의 수익감소로 보고, $\sum_{j=1}^{n} \lambda_j = 1$ 을 첨가했을 때의 목적함수 값이 $\sum_{j=1}^{n} \lambda_j \leq 1$ 을 첨가했을 때 목적함수 값보다 크다면 규모의 수익증가로 본다.

5. 자료의 이용 및 사용변수 설정

중국 환경규제의 시발점은 1973년에 제1차 전국환경보호회의를 개최한 것으로부터 출발하고 있으며, 1978년 제2차 전국환경보호회의를 통하여 오염배출 부과금제 및 오염목표 책임제 등의 제도를 규정한 바 있다. 1992년 리우(Rio) 환경정상회담 이후 중국정부는 국제적 환경보호에 대한 인식변화에 관심을 갖기 시작하였고, 1996년에 제4차 전국환경보호회의에서 식수(飮用水)보호, 대기오염 방지계획 등을 수립하였다. 1996년 이후 중국은 환경법규를 점차적으로 정비하면서 오염배출 기업을 규제하기 시작하였다.

DEA 모형에서 DMU의 상대적 효율성을 결정하는 요소는 모형에 포함된 투입요소와 산출요소의 실제 측정치이다. 이는 DMU의 정확한 효율성 평가를 위해서 투입요소와 산출요소의 명확한 정의와 선정이 필요함을 의미한다. DEA는 비효율적인 DMU를 판별하기 위해서 DMU 수 및 투입·산출 요소의 수가 중요한 의미를 가지는데 요소 수가 증가할수록 효율적 프론티어에 위치하는 DMU의 수가 증가하여 비효율적인 DMU의 판별이 어려워지기 때문이다. Banker·Morey(1986)는 DMU의 수는 투입·산출 요소 수를 합친 것보다 최소 3배 이상 되어야 한다고 제시하고 있고, Charnes et al.(1994)은 평가대상의 DMU 수가 투입변수와 산출변수의 합보다 커야 한다고 제안하기도 하였다. Boussofiane et al.(1991)은 DMU의 수가 투입·산출 요소의 곱셈보다 커야 한다고 하였다(윤경준, 2003). 한편 김태일(2000)은 효율성을 알 수 없는 DMU가 25%를 넘지 않아야 할 것을 권고하고 있으며, 윤경준(2003)은 30% 정도를 권고기준으로 설명하고 있다. 일반적으로는 평가대상의 DMU 수가 적어도 투입변수와 산출변수 합의 2배 이상이 되어야 한다는 기준을 적용하고 있다. 본 연구분석에 사용하는 DMU의 수는 31개로 투입변수와 산출변수의 합인 6개보다 5배 이상 크므로 비효율적인 DMU의 판별이 어려워지는 문제는 존재하지 않는다.

　DEA 분석을 위한 변수선정에 있어서 어떻게 변수를 정하느냐 하는 문제는 매우 어려운 과제인데, 현실적인 이유로 인해 공통자료를 구할 수 있는가와 신뢰성을 확보할 수 있는가라는 기준으로 선정된다. 정길채・장지인(2006)은 산업 전체와 개별기업들이 표준적으로 공시하는 환경효율성지표, 산업고유의 환경효율성지표, 특정지역 고유의 환경효율성지표 등 여러 가지 형태의 효율성지표가 존재하고 있지만, 해결해야 할 환경문제가 무엇인지에 따라 환경효율성지표의 항목이 결정되는 것이라 하였다.

　환경오염에는 여러 가지 종류가 있지만 가장 관심을 불러일으키고 있는 부분이 수질오염, 대기오염, 폐기물이다. 따라서 본 연구에서는 2003~2008년까지 중국국가통계국의 관련항목 통계자료 평균치를 이용하여 투입물은 폐수 처리시설 수, 대기오염 처리시설 수, 환경오염 관리투자금액으로 설정하고, 산출물은 공업폐수 배출기준 도달량, 공업 이산화유황 제거량, 공업 고체폐기물 종합이용량으로 설정하였다(<표 58> 참고).

	지역	투입			산출		
		폐수처리 시설 수	대기오염 처리시설 수	환경오염관리투자 (억 위안)	공업폐수배출기준 도달량 (만 톤)	공업 이산화유황 제거량 (만 톤)	공업 고체폐기물 종합이용량 (만 톤)
1	北京	545	2407	119.75	10902	6.88	965.01
2	天津	1047	2997	55.72	23123	12.74	1112.71
3	河北	4426	11751	133.19	116132	73.56	8933.14
4	山西	2943	7919	71.11	30917	59.97	5761.59
5	内蒙古	736	3765	78.43	18271	55.47	3517.27
6	辽宁	2022	8619	128.42	86229	79.17	4911.47
7	吉林	670	3014	40.77	30732	7.04	1529.07
8	黑龙江	1126	4034	62.64	39557	3.68	2694.43
9	上海	1911	3313	101.44	49478	10.05	1924.68
10	江苏	5381	9330	279.25	263842	97.43	6049.05
11	浙江	6387	11912	215.89	172608	75.22	2630.29
12	安徽	1580	3764	65.33	64508	88.94	4082.24
13	福建	4935	5819	64.88	122055	16.37	2869.20
14	江西	1426	2693	35.09	55122	87.82	2275.82
15	山东	4637	10481	266.37	142315	116.95	9351.86
16	河南	3325	8772	85.17	116927	64.89	4895.57
17	湖北	2057	4706	60.12	83544	54.88	3001.05
18	湖南	3041	4814	50.38	96434	56.97	2687.88
19	广东	7863	10536	147.65	176414	58.92	2858.59
20	广西	2364	5188	50.09	133035	48.12	2490.24
21	海南	268	376	8.83	6405	1.47	112.45
22	重庆	1380	2433	54.94	73009	45.33	1365.89
23	四川	4497	5914	81.11	102497	37.91	4116.42
24	贵州	1856	2795	17.49	9322	37.02	1883.30
25	云南	1901	4406	28.52	28778	86.90	239.04
26	西藏	12	24	0.63	124	0.00	4.00
27	陕西	2064	3912	47.21	38747	18.89	1530.03
28	甘肃	778	2594	24.55	12867	86.83	836.90
29	青海	125	610	8.36	3103	0.75	222.73
30	宁夏	362	1205	21.97	12172	6.00	469.70
31	新疆	566	2944	35.51	12300	3.86	783.39

CCR 승수모형에서의 가중치는 효율적인 DMU의 경우에 복수의 최적해가 나타나며 비효율적인 DMU의 경우에는 단일 최적해가 나타난다. 그러므로 선형계획법 소프트웨어에 따라서 효율적인 DMU의 경우에는 최적해로 구한 가중치의 값이 달라질 수 있다. 그러나 비효율적인 DMU의 경우에는 선형계획법 소프트웨어가 다르다 해도 최적해로 구한 가중치의 값은 같다. 만약 효율성 점수가 큰 변화를 나타낸다면 이는 효율성 분석기법의 신뢰성과 타당성을 훼손하는 증거가 될 것이다(김성호 등, 2007). 본 연구의 경우, 중국국가통계국의 공시자료를 이용하였기 때문에 효율성 분석기법의 신뢰성과 타당성에는 문제가 없다.

본 연구는 교육용 LINGO Software 12.0 분석도구를 이용하여 분석하였다. 교육용 LINGO Software는 해를 구할 수 있는 문제의 크기가 제한되어 있는 점을 제외하면 일반용과 모든 기능이 같다.

제4절 중국 제조업의 환경경영 효율성

본 연구에서는 중국 각 성·시의 환경사업성 효율성을 평가하기 위해 기술효율성은 CCR 모형에 의해 측정하고, 순수기술효율성은 BCC 모형에 의해 측정하였다. 그리고 규모의 효율성은 Cooper et al.(2000)의 정의를 이용하여 CCR 효율성을 BCC 효율성으로 나눈 값으로 측정하였다. DEA 모형의 기본모형으로 알려져 있는 CCR 모형 중에서 투입물을 고정하고 산출공간에서의 효율성을 측정하는 투입방향 CCR 모형과 투입방향 BCC 모형을 중심으로 연구를 진행하였다.

투입방향 모형을 이용한 것은 중국의 현재 공업발전 속도 및 경제성장 속도를 고려할 때 산출물을 고정하고 투입물을 최소화하는 산출방향 모형은 적합하지 않다. 따라서 본 연구에서는 투입물을 고정하고 산출물을 최대화하는 투입방향 모형을 이용하여 기술효율성, 순수기술효율성 및 규모효율성을 측정하려고 한다.

1. 기술효율성 분석결과

교육용 LINGO Software 12.0 분석도구를 이용한 기술효율성 분석결과는 다음 <표 59>와 같다.

〈표 59〉 기술효율성(CCR) 분석결과

지역 (DMU)		투입물(가중치)			산출물(가중치)			효율성
		1	2	3	1	2	3	
1	北京	0.18302	0.10000	0.10000	0.28105	0.10000	0.23806	0.5361429
2	天津	0.86000	0.34656	0.10000	0.13862	0.10000	0.14416	0.4809527
3	河北	0.56101	0.10000	0.55555	0.12394	0.10000	0.91937	0.9652925
4	山西	0.69198	0.10000	0.11087	0.22225	0.10000	0.16163	1.0000000
5	内蒙古	0.38302	0.10000	0.91079	0.10000	0.10000	0.27910	1.0000000
6	辽宁	0.49023	0.10000	0.10000	0.75435	0.10000	0.64474	0.9672086
7	吉林	0.14880	0.10000	0.10000	0.22854	0.10000	0.19372	0.9985662
8	黑龙江	0.77654	0.10000	0.19410	0.11849	0.10000	0.14528	0.8601535
9	上海	0.10000	0.30123	0.10000	0.67377	0.10000	0.17166	0.6637715
10	江苏	0.10000	0.10657	0.10000	0.24175	0.10519	0.58176	1.0000000
11	浙江	0.10000	0.65536	0.98638	0.29258	0.10000	0.10000	0.5077212
12	安徽	0.10000	0.26524	0.10000	0.10000	0.10000	0.22914	1.0000000
13	福建	0.10000	0.14642	0.22044	0.48791	0.10000	0.89666	0.8528079
14	江西	0.10000	0.37079	0.10000	0.79324	0.18055	0.17760	1.0000000
15	山东	0.10000	0.94943	0.10000	0.10000	0.10000	0.72121	0.8168935
16	河南	0.10164	0.10000	0.76704	0.23882	0.10000	0.12525	0.8924884
17	湖北	0.15089	0.10000	0.11392	0.35310	0.10000	0.18582	0.8527118
18	湖南	0.10000	0.50157	0.14996	0.39691	0.10000	0.19502	0.9070137
19	广东	0.10000	0.77759	0.11708	0.34719	0.10000	0.10000	0.6154096
20	广西	0.42080	0.10000	0.10000	0.74977	0.10000	0.10000	1.0000000
21	海南	0.10000	0.26588	0.10000	0.88605	0.10000	0.10000	0.5676302
22	重庆	0.10000	0.41043	0.10000	0.13678	0.10000	0.10000	1.0000000

23	四川	0.10000	0.14519	0.16873	0.44151	0.10000	0.91471	0.8291019
24	贵州	0.22198	0.40290	0.27181	0.10000	0.29373	0.46830	1.0000000
25	云南	0.10000	0.10000	0.34842	0.78122	0.25749	0.23676	1.0000000
26	西藏	0.59525	0.11904	0.10000	0.12571	0.10000	0.14150	0.2124808
27	陕西	0.89517	0.10000	0.17185	0.37843	0.10000	0.23055	0.4994011
28	甘肃	0.12820	0.10000	0.10000	0.10000	0.11359	0.10000	1.0000000
29	青海	0.79951	0.10000	0.10000	0.12270	0.10000	0.10367	0.6116476
30	宁夏	0.27590	0.10000	0.10000	0.42358	0.10000	0.35838	0.6839199
31	新疆	0.17615	0.10000	0.10000	0.27051	0.10000	0.22916	0.5122550

2003~2008년까지 중국국가통계국의 관련항목 통계자료 평균치를 이용하여 기술효율성을 분석한 결과, 산시(山西), 네이멍구(內蒙古), 장쑤(江苏), 안후이(安徽), 장시(江西), 광시(广西), 충칭(重庆), 구이저우(贵州), 윈난(云南), 간쑤(甘肃) 등 10개 지역 제조업의 환경사업이 효율적으로 진행된 것으로 나타났다.

2. 순수기술적 효율성 분석결과

순수기술효율성 분석결과는 다음 <표 60>과 같이 나타났다.

<표 60> 순수기술적 효율성(BCC) 분석결과

지역 (DMU)		투입물(가중치)			산출물(가중치)			효율성
		1	2	3	1	2	3	
1	北京	0.18302	0.10000	0.10000	0.28106	0.10000	0.23806	0.5361429
2	天津	0.85600	0.34607	0.10000	0.13862	0.10000	0.14416	0.4809527
3	河北	0.10000	0.10000	0.73866	0.10000	0.10000	0.11938	1.0000000
4	山西	0.10000	0.58436	0.75137	0.10000	0.10000	0.19127	1.0000000
5	内蒙古	0.13535	0.10000	0.10000	0.20790	0.10000	0.17630	1.0000000
6	辽宁	0.40542	0.20897	0.10000	0.67089	0.10000	0.16280	1.0000000
7	吉林	0.14880	0.10000	0.10000	0.22854	0.10000	0.19372	0.9985662
8	黑龙江	0.77654	0.10000	0.19410	0.11849	0.10000	0.14528	0.8601535

9	上海	0.10000	0.30123	0.10000	0.67377	0.10000	0.17166	0.6637715
10	江苏	0.18405	0.10000	0.10000	0.34367	0.21609	0.10000	1.0000000
11	浙江	0.10000	0.10000	0.45472	0.49844	0.79830	0.10000	0.6490520
12	安徽	0.10000	0.26523	0.10000	0.10000	0.10000	0.22914	1.0000000
13	福建	0.10000	0.12235	0.43636	0.61704	0.10000	0.19742	0.8627191
14	江西	0.10000	0.10000	0.28381	0.68981	0.70313	0.10000	1.0000000
15	山东	0.10000	0.94943	0.10000	0.17219	0.10000	0.96209	1.0000000
16	河南	0.10000	0.10000	0.11599	0.10817	0.17359	0.11078	0.9718840
17	湖北	0.15089	0.10000	0.11392	0.35310	0.10000	0.18582	0.8527118
18	湖南	0.10000	0.47344	0.15265	0.37649	0.10000	0.25531	0.9252724
19	广东	0.10000	0.10000	0.66482	0.11674	0.10000	0.10000	0.8473448
20	广西	0.10000	0.14305	0.51007	0.72107	0.10000	0.23073	1.0000000
21	海南	0.10000	0.26588	0.10000	0.88605	0.10000	0.10000	0.5676302
22	重庆	0.72283	0.10000	0.10000	0.11040	0.31383	0.37881	1.0000000
23	四川	0.10000	0.11303	0.40318	0.57022	0.10000	0.18242	0.9132412
24	贵州	0.21432	0.10000	0.34273	0.68969	0.10000	0.49682	1.0000000
25	云南	0.16206	0.26541	0.20161	0.10000	0.20179	0.34172	1.0000000
26	西藏	0.59525	0.11904	0.10000	0.12571	0.10000	0.14150	0.2124808
27	陕西	0.89517	0.10000	0.17185	0.37843	0.10000	0.23055	0.4994011
28	甘肃	0.27114	0.37736	0.10000	0.10000	0.11359	0.10000	1.0000000
29	青海	0.79951	0.10000	0.10000	0.12270	0.10000	0.10367	0.6116476
30	宁夏	0.27590	0.10000	0.10000	0.42358	0.10000	0.35838	0.6839199
31	新疆	0.17615	0.10000	0.10000	0.27051	0.10000	0.22916	0.5122550

2003~2008년까지 중국국가통계국의 관련항목 통계자료 평균치를 이용하여 순수기술적 효율성을 분석한 결과, 허베이(河北), 산시(山西), 네이멍구(內蒙古), 랴오닝(辽宁), 장쑤(江苏), 안후이(安徽), 장시(江西), 산동(山东), 광시(广西), 충칭(重庆), 구이저우(贵州), 윈난(云南), 간쑤(甘肃) 등 13개 지역 제조업의 환경사업이 효율적으로 진행된 것으로 나타났다. 그리고 북경(北京), 천진(天津), 하이난(海南), 서장(西藏), 산시(陕西), 신장(新疆) 등 6개 지역 제조업의 환경사업이 매우 비효율적인 것으로 분석되었다. 이것은 북경(北京), 하이난(海南)과 서장(西藏), 신장(新疆) 등 지

역이 환경오염 관리투자와 대기오염 처리시설 수에 비해 대기오염 처리량이 환경사업이 효율적인 다른 지역에 비해 상대적으로 적어, 즉 대기오염 처리시설의 대기오염 처리능력이 낮기 때문인 것으로 판단된다. 서장(西藏)은 대기오염 처리시설이 있음에도 불구하고 대기오염 처리량이 아예 없는 것으로 집계된 것은 설비가 있음에도 이를 가동하지 않았기 때문인 것인지 아니면 설비를 가동하였지만 서장(西藏) 지역에 대한 통계조사가 제대로 진행되지 않았기 때문인 것인지 확인할 필요가 있다고 판단된다. 그리고 천진(天津)과 산시(陝西)도 대기오염 처리와 폐기물 처리능력이 환경사업이 효율적인 지역에 비해 상대적으로 낮기 때문인 것으로 판단된다.

3. 규모의 효율성(SE) 분석결과

CCR 모형과 BCC 모형에 의해서만 상대적 효율성을 평가한다면 비효율성 원인을 운영상의 결함에만 초점을 두는 단점이 있다. 따라서 규모의 효율성을 고려한 분석이 이루어질 필요성이 있는 것이다. 규모의 효율성 지표인 SE=1이면 규모에 대한 수익불변 상태로 규모의 비효율이 존재하지 않는다는 것이다. SE<1인 경우는 규모에 대한 수익체증 혹은 규모에 대한 수익체감의 상태로 규모의 비효율이 존재한다는 것을 의미한다. 규모에 대한 수익변화를 가정하여 분석함으로써 비효율적인 DMU의 비효율성 원인이 무엇인지 파악할 수 있게 된다. 각 지역별 규모의 효율성을 분석한 결과는 다음 <표 61>과 같다.

<表 61> 규모의 효율성(SE: Scale Efficiency)

지역(DMU)		효율성(CCR)	효율성(BCC)	규모의 효율성(SE)	비효율 원인
1	北京	0.5361429	0.5361429	1.0000000	기술적 효율성
2	天津	0.4809527	0.4809527	1.0000000	기술적 효율성
3	河北	0.9652925	1.0000000	0.9652925	규모의 효율성
4	山西	1.0000000	1.0000000	1.0000000	-
5	内蒙古	1.0000000	1.0000000	1.0000000	-
6	辽宁	0.9672086	1.0000000	0.9672086	규모의 효율성
7	吉林	0.9985662	0.9985662	1.0000000	기술적 효율성
8	黑龙江	0.8601535	0.8601535	1.0000000	기술적 효율성
9	上海	0.6637715	0.6637715	1.0000000	기술적 효율성
10	江苏	1.0000000	1.0000000	1.0000000	-
11	浙江	0.5077212	0.6490520	0.7822504	기술적 효율성
12	安徽	1.0000000	1.0000000	1.0000000	-
13	福建	0.8528079	0.8627191	0.9885117	기술적 효율성
14	江西	1.0000000	1.0000000	1.0000000	-
15	山东	0.8168935	1.0000000	0.8168935	규모의 효율성
16	河南	0.8924884	0.9718840	0.9183075	규모의 효율성
17	湖北	0.8527118	0.8527118	1.0000000	기술적 효율성
18	湖南	0.9070137	0.9252724	0.9802667	기술적 효율성
19	广东	0.6154096	0.8473448	0.7262800	규모의 효율성
20	广西	1.0000000	1.0000000	1.0000000	-
21	海南	0.5676302	0.5676302	1.0000000	기술적 효율성
22	重庆	1.0000000	1.0000000	1.0000000	-
23	四川	0.8291019	0.9132412	0.9078674	규모의 효율성
24	贵州	1.0000000	1.0000000	1.0000000	-
25	云南	1.0000000	1.0000000	1.0000000	-
26	西藏	0.2124808	0.2124808	1.0000000	기술적 효율성
27	陕西	0.4994011	0.4994011	1.0000000	기술적 효율성
28	甘肃	1.0000000	1.0000000	1.0000000	-
29	青海	0.6116476	0.6116476	1.0000000	기술적 효율성
30	宁夏	0.6839199	0.6839199	1.0000000	기술적 효율성
31	新疆	0.5122550	0.5122550	1.0000000	기술적 효율성
	평균	0.8010829	0.8273918	0.9694477	규모의 효율성

DEA 모형 분석결과, CCR 모형에서는 총 10개 지역(32.26%=10/31),

BCC 모형에서는 총 13개 지역(41.94%=13/31)의 환경사업이 효율적인 것으로 확인된 반면, 규모의 효율성은 22개 지역의 환경사업이 효율적이고 9개 지역만 비효율적인 것으로 나타났다. 이러한 결과들을 볼 때, 중국의 전체적인 환경사업은 비교적 효율적이라 볼 수 있지만 지역 간 효율성 차이가 매우 큰 것을 확인할 수 있었다.

자세히 설명하면, <표 61>에서 보는 바와 같이 산시(山西), 네이멍구(內蒙古), 장쑤(江苏), 안후이(安徽), 장시(江西), 광시(广西), 충칭(重庆), 구이저우(贵州), 윈난(云南), 간쑤(甘肃) 지역은 CCR 모형과 BCC 모형의 효율성 값 및 규모효율성 값이 모두 1로 효율적인 운영을 하고 있으며 규모를 제대로 이용하고 있는 것으로 해석된다.

한편, 북경(北京), 천진(天津), 상하이(上海), 하이난(海南), 서장(西藏), 산시(陕西), 칭하이(青海), 닝샤(宁夏), 신장(新疆) 지역은 CCR 모형과 BCC 모형의 효율성 값이 0.684 이하임에도 불구하고 규모효율성 값이 1로 나타난 것으로 보아 비효율적인 운영을 하고는 있지만 규모를 제대로 이용하고 있는 것으로 해석된다. 그리고 광둥(广东)과 쓰촨(四川) 지역은 규모의 효율성이 BCC 모형의 효율성보다 낮게 나타나 이들 지역의 환경사업이 비효율적인 원인이 규모의 효율성에 있는 것을 확인할 수 있다.

제조업 환경사업 효율성이 가장 생산적인 규모인 10개 지역의 효율성 순위 분석결과는 다음 <표 62>와 같다. 분석결과 광시(广西) 지역 제조업의 환경사업 효율성이 제일 우수한 것으로 나타났다(순위 산출결과 <표 62> 참조). 여기서 빈도수란, 효율적인 DMU X를 벤치마킹해야 하는 비효율적 DMU들의 개수를 의미한다.

<표 62> 가장 생산적 규모의 효율성 지역 효율성 순위

지역(DMU)		(CCR)		(BCC)		참조집합 빈도 계	순위
		효율성	참조빈도	효율성	참조빈도		
4	山西	1.0000000	8	1.0000000	6	14	3
5	内蒙古	1.0000000	7	1.0000000	7	14	3
10	江苏	1.0000000	8	1.0000000	9	17	2
12	安徽	1.0000000	6	1.0000000	4	10	6
14	江西	1.0000000	9	1.0000000	4	13	4
20	广西	1.0000000	8	1.0000000	14	22	1
22	重庆	1.0000000	6	1.0000000	8	14	3
24	贵州	1.0000000	8	1.0000000	6	14	3
25	云南	1.0000000	8	1.0000000	9	17	2
28	甘肃	1.0000000	6	1.0000000	6	12	5

제조업 환경사업 효율성에 기술적 비효율성이 있는 15개 지역의 환경사업 비효율성 원인 분석결과는 다음 <표 63>과 같다. 분석결과 절강(浙江), 푸젠(福建), 후난(湖南) 지역은 규모의 수익체증인 것으로 나타났고, 그 외 12개 지역은 규모의 수익불변인 것으로 나타났다. 따라서 이들 지역의 제조업 환경사업 효율성이 효율적인 지역으로 되기 위해서는 규모의 수익체증 지역인 절강(浙江), 푸젠(福建), 후난(湖南)은 투입을 더 증가하여야 하고, 규모의 수익불변인 12개 지역들은 환경오염 처리기술을 발전 향상시키는 동시에 투입도 적극적으로 증가시켜야 할 것이다.

〈표 63〉 기술적 비효율성 원인 분석결과

지역(DMU)		(CCR)	(BCC)		환경사업 비효율 원인
		효율성	효율성	ω_j 값	진단
1	北京	0.5361429	0.5361429	0.0000000	규모의 수익 불변
2	天津	0.4809527	0.4809527	0.0000000	규모의 수익 불변
7	吉林	0.9985662	0.9985662	0.0000000	규모의 수익 불변
8	黑龙江	0.8601535	0.8601535	0.0000000	규모의 수익 불변
9	上海	0.6637715	0.6637715	0.0000000	규모의 수익 불변
11	浙江	0.5077212	0.6490520	0.8144160	규모의 수익 체증
13	福建	0.8528079	0.8627191	0.4568496	규모의 수익 체증
17	湖北	0.8527118	0.8527118	0.0000000	규모의 수익 불변
18	湖南	0.9070137	0.9252724	0.1240747	규모의 수익 체증
21	海南	0.5676302	0.5676302	0.0000000	규모의 수익 불변
26	西藏	0.2124808	0.2124808	0.0000000	규모의 수익 불변
27	陝西	0.4994011	0.4994011	0.0000000	규모의 수익 불변
29	青海	0.6116476	0.6116476	0.0000000	규모의 수익 불변
30	宁夏	0.6839199	0.6839199	0.0000000	규모의 수익 불변
31	新疆	0.5122550	0.5122550	0.0000000	규모의 수익 불변

제조업 환경사업 효율성에 규모의 비효율성이 있는 7개 지역의 환경 사업 비효율성 원인 분석결과는 다음 <표 64>와 같다. 분석결과 이들 7 개 지역 모두 규모의 수익체증인 것으로 나타났다. 따라서 이들 7개 지역이 제조업 환경사업 효율성이 효율적인 지역으로 되기 위해서는 투입을 적절히 증가해야 할 것이다.

〈표 64〉 규모의 비효율성 원인 분석결과

지역(DMU)		(CCR)	(BCC)		환경사업 비효율
		효율성	효율성	ω_j	원인 진단
3	河北	0.9652925	1.0000000	0.1827219	규모의 수익 체증
6	辽宁	0.9672086	1.0000000	0.3781804	규모의 수익 체증
15	山东	0.8168935	1.0000000	0.1449037	규모의 수익 체증
16	河南	0.8924884	0.9718840	1.9617410	규모의 수익 체증
19	广东	0.6154096	0.8473448	1.2150330	규모의 수익 체증
23	四川	0.8291019	0.9132412	0.4221641	규모의 수익 체증

이런 분석결과로부터 중국 각 지역의 제조업 환경사업 효율성 수준을 판단할 수 있고, 환경사업이 비효율적인 지역들의 환경사업 비효율 원인이 대부분 규모의 수익체증에 있는 것을 확인할 수 있었다. 그리고 환경사업이 비효율적인 이들 지역들이 투입을 증가하면서 오염처리 설비들의 처리능력을 향상시킨다면 멀지 않아 대부분 지역들이 환경사업이 효율적인 지역이 될 것으로 예측된다.

제5절 중국제조업의 환경효율성 요약

본 연구의 목적은 중국의 환경개선 투자에 따른 지역 환경사업 효율성을 분석하여 국가 차원의 환경사업 효율성 정도를 파악하고, 환경사업이 비효율적인 지역의 비효율성 원인과 환경사업 효율성 향상에 도움이 될 정보를 제공하는 것이다. 이러한 연구목적을 달성하기 위해 중국통계연감(中華人民共和國統計年鑒)의 2003년부터 2008년까지 6년간 제조업분야 통계자료와 자료 포락분석 기법을 이용하여 각 지역(31개 지역) 제조업의 환경사업 효율성을 측정하였다. 분석결과를 요약하면 다음과 같다.

첫째, 기술효율성(CCR) 분석결과, 중국 31개 행정구역 중 10개 지역의 환경사업이 효율적인 것으로 나타났다. 구체적으로 설명하면, 산시(山西), 네이멍구(內蒙古), 장쑤(江苏), 안후이(安徽), 장시(江西), 광시(广西), 충칭(重庆), 구이저우(贵州), 윈난(云南), 간쑤(甘肅) 지역의 환경사업이 효율적으로 진행된 것으로 나타났다.

둘째, 순수기술효율성(BBC) 분석결과, 중국 31개 행정구역 중 13개 지역 제조업의 환경사업이 효율적인 것으로 나타났다. 구체적으로 설명하면, 허베이(河北), 산시(山西), 네이멍구(內蒙古), 랴오닝(辽宁), 장쑤(江

苏), 안후이(安徽), 장시(江西), 산둥(山东), 광시(广西), 충칭(重庆), 구이저우(贵州), 윈난(云南), 간쑤(甘肃) 지역 제조업의 환경사업이 효율적으로 진행된 것으로 나타났다.

셋째, 규모의 효율성(SE) 분석결과, 중국 31개 행정구역 중 22개 지역 제조업의 환경사업이 효율적인 것으로 나타났다. 구체적으로 설명하면, 규모의 효율성(SE) 분석결과에서 효율적인 지역으로 나타난 22개 지역 중 15개 지역 제조업의 비효율성 원인이 기술적 효율성에 있는 것으로 나타났다.

넷째, 환경사업이 비효율적인 지역들의 환경사업 비효율 원인이 대부분 규모의 수익체증에 있는 것을 확인할 수 있었다. 이런 분석결과로부터 중국 국가 차원의 제조업 관련 환경사업은 비교적 효율적이긴 하지만 기술적인 보완을 통하여 환경사업 효율성을 한 단계 향상시킬 수 있는 여지가 충분히 있음을 확인할 수 있었다.

종합적인 관점에서 중국 국가 차원 제조업의 환경사업 효율성 분석결과를 지역별로 볼 때, 환경사업이 효율적인 지역보다 비효율적인 지역이 더 많음을 확인하였다. 따라서 폐수 처리시설 및 대기오염 처리시설의 처리능력을 향상시키고, 폐기물 재활용을 활성화할 수 있는 국가 차원의 정책과 지원이 적절히 이루어진다면 이들 비효율 지역 제조업의 환경사업 효율성은 개선될 수 있을 것으로 판단된다. 특히 중국은 31개 행정구역으로 구분되어 있는데 각 지역의 경제성장 속도, 지역정책, 산업분포 및 지역발전 전략, 인구밀도 등에 큰 차이가 있다. Kanbur · Zhang(2005)도 중국의 지역 간 불균형의 주요원인으로 중공업 비율, 분권화 정도, 그리고 개방화 정도 등을 제시하고 있다. 이런 지역 간 불균형은 환경사업 효율성에도 크게 영향을 미친 것으로 판단된다. 따라서 중국의 환경사업 효율성의 불균형을 개선하고 향후 지속 가능하고 친환경적인 경제성장을 위해서는 앞서 분석한 지역(성, 시)별 분석을 토대로 환경사업 효율성이 비효율적인 지역들이 높은(이상적인) 환경효율 수준을 보이고 있는 지역을 벤치마킹하여 오염배출 수준을 억제하면서도 지속적인 경제성장을 이룩할 수 있는 기반을 구축하고 개선방안을 마련해야 할 것이다.

본 연구는 2003년부터 2008년까지 6년간 제조업 관련 데이터를 수집하여 평균값을 이용하여 분석하였다. 환경사업에 투입한 각종 시설과 투자는 투입된 당해 연도보다는 일정 시간이 경과된 후에 성과가 나타나는 경우가 일반적인데, 본 연구는 시간의 흐름에 따른 환경사업의 효율성 변화를 반영하지 못하였다. 따라서 향후에는 시간의 흐름을 고려하여 환경사업 효율성 변화를 동태적으로 분석하는 연구가 필요할 것으로 보인다.

참고문헌

강상목 · 정종필 · 이근재 · 송국군(2009), "한 · 중 제조업의 효율성, 생산성 변화와 오염 잠재가격 비교", 자원 · 환경 경제연구, 제18권 제2호, pp.241~277.

강영삼(2008), "중국 대형기업의 특성변화 요인 분석: 상위 200대 상장기업을 중심으로", 現代中國硏究, 제9집 제2호, pp.131~171.

권영훈(2006), "품질경영 활동이 성과에 미치는 여향에 대한 품질경영 프로그램의 조절효과에 관한 연구", 품질경영학회지, 34(3), pp.41~79.

권철신 · 조근태(2001), "AHP를 이용한 비메모리 반도체칩 제품군 선정에 관한 연구", 經營科學, 제18권 1호, pp.1~13.

김건위 · 최호진(2005), "DEA기법 적용상의 유의점에 관한 연구: 지방행정분야를 중심으로", 지방행정연구, 제19권 제3호, pp.213~244.

김계수(1999), "프로세스 품질경영 성과개선을 위한 6시그마 프로그램에 관한 연구", 품질경영학회지, 27(4), pp.266~279.

김대기 · 권오경(2003), "제3자 물류업체 선정을 위한 평가항목 개발 및 우선순위 설정에 관한 연구", 經營科學, 제20권 2호, pp.151~164.

김도경 · 임남웅(2004), "관리정책: 친환경 건축 및 자재사용에 대한 실태연구-환경경영시스템(ISO 14001) 구축 및 국내 건설회사의 친환경 자재사용에 대해서", 한국폐기물학회, 추계학술대회 발표논문집, pp.35~42.

김성수(2004), "환경경영이 유통업 마케팅 성과에 미치는 영향에 관한 연구", 중앙대학교 대학원 박사학위논문.

김성철(1997), 『매래지향의 제조시스템 경영을 위한 생산관리』, 학문사.

김성호 · 최태성 · 이동원(2007), 『효율성 분석 이론과 활용』, 서울경제경영출판사.

김성희 · 정병호 · 김재경(1999), 『의사결정분석 및 응용』, 영지문화사.

김양명(1999), 『상품학의 이해』, 학문사.

김응섭 · 신재영(2006), "선용품 유통센터 입지선정에 관한 연구", 한국항해항만학회 및 창립30주년 심포지엄 논문집, pp.411~415.

김용미(2009), "공급사슬에서의 기업 간 협력이 물류성과에 미치는 영향: 식품기업을 중심으로", 성균관대학교 대학원 석사학위논문.

김용범 · 이봉수 · 류지철(2002), 『생산경영』, 한올출판사.

김용태(2009), "지방의료원의 운영방식에 관한 연구", 경희대학교 대학원 박사학위논문.

김장환 · 장지인 · 이윤상(2005), "환경경영시스템 인증획득이 기업의 재무성과에 미치는 영향에 대한 연구: ISO 14001 도입을 중심으로", 회계정보연구, 제23권 제4호, pp.1~24.

김재윤 · 박이숙(2007), "AHP를 이용한 공공 TLO 컨소시엄 평가에 관한 연구", 상품학연구, 제25권 3호, pp.1~11.

김재전 · 박형호 · 유일 · 소순후(2003), "성공적인 SCM을 위한 공급사슬 파트너십의 구조적 관계모형에 관한 연구", 한국정보전략학회지, 제6권 제1호, pp.61~82.

김종대 · 연병모(2003), "기업의 자발적 환경경영 촉진을 위한 정부의 정책방안", 산업과 경영, 제15권 제2호, pp.213~229.

김종순 · 장동철(2009), "한국과 중국의 히트상품에 대한 대학생 고객의 구매성향 비교연구: 식음료, 휴대폰 및 의류를 중심으로", 상품학연구, 제27권 제3호, pp.17~27.

_____ · 어멍토야(2006), "한국과 몽골의 의식주 관련 히트상품들의 비교연구", 기업경영연구, 13(2), pp.175~189.

김준환 · 배영일 · 이동훈(1997), "한국의 역대 최고 히트상품", CEO Information, 106호, 삼성경제 연구소.

김창수(2010), "환경경영과 기업가치", 재무연구, 제23권 제2호, pp.121~158.

김혜정 · 유지수 · 김주영(2007), "조직 성숙이 6시그마의 도입성과에 미치는 영향", 한국조사연구학회, 8(1), pp.1~30.

김희철(2004), "세계 일류기업의 환경경영 특성에 관한 연구", 창업정보학회지, 제7권 제1호, pp.59~85.

김태일(2000), "자료포락분석 기법에 의한 자치단체 행정의 생산성 평가에 관한 비판적 논의", 정책분석평가학회보, 제10권 제1호, pp.185~207.

나상균 · 이준수(2007), "제조기업의 최적 생산입지 결정에 관한 연구: AHP기법을 중심으로", 대한설비관리학회지, 제12권 1호, pp.5~15.

남기덕(2008), "리더십 패러다임의 진화와 그 결정 요인: 리더십의 ABC 역량 모델", 한국심리학회지: 사회 및 성격, 22(3), pp.81~99.

노창균 · 윤광운(2003), "ISO 인증심사를 통한 품질경영 시스템 운영실태 실증연구-한국과 중국의 한국투자기업 비교중심으로", 국제무역연구, 9(2), pp.109~118.

노형진(1995), 『100PPM 품질혁신 이렇게 한다』, 서울: 100PPM 품질혁신추진본부.

류강석 · 박종철 · 박찬수(2006), "히트상품 선정이 소비자 반응에 미치는 영향: 제품 지식과 브랜드강도의 조절작용을 중심으로", 마케팅연구, 21(1), pp.57~80.

류제복 · 유정빈 · 김선웅(2004), "통계품질향상을 위한 평가지표의 개발", 조사연구, 5(2), pp.71~90.

박규태(2004), "환경친화경영이 기업의 재무성과에 미치는 영향", 중앙대학교 대학원 석사학위논문.

박민규(2004), "환경의식이 환경서비스사업의 기대효과에 미치는 영향: 하수처리장 및 하수관거 건설사업을 중심으로", 세종대학교 대학원 석사학위논문.

박성현 · 이명주 · 정목용(2001), 『6시그마 이론과 실제』, 서울: KSA 한국표준협회.

박용규(2004), "입지경쟁력 제고를 위한 정책제언", 삼성경제 연구소 12월 10일 보고서.

박태성 · 김희준(2008), "한국기업의 중국투자 실태에 관한 연구", 통상정보연구, 제10권 1호, pp.375~393.

박찬수 · 이준석(2003), "히트상품 선정 10년의 현황 및 수렴 타당성 분석: 10개 주요 일간지들을 대상으로", 한국마케팅저널, 4(4), pp.97~119.

배영일(2002), "6시그마 경영의 이해와 실천", CEO Information, 349, pp.1~25.

조영권(2005), "6시그마의 현황과 미래", CEO Information, 516, pp.1~20.

백권호 · 장수현(2007), "중국 기업문화의 특성과 경영현지화", 중국학연구, 47, pp.249~280.

산업자원부(2006), "환경규제 극복을 위한 산업간 공급망관리 연계방안".

신현대(2004), "대학의 성과 평가에 관한 연구: DEA 기법에 의한 효율성 분석", 성균관대학교 대학원 박사학위논문.

서아영 · 신경식(2001), "공급자-구매자 관계유형에 따른 공급사슬관리 성공요인에 관한 실증연구", Information Systems Review, 제3권 제1호, pp.191~203.

서동숙(2005), "생산자책임 재활용제도의 문제점 및 개선방안에 관한 연구", 광운대학교 환경대학원, 석사학위 논문.

성봉석(2002), "환경문제에 대한 기업의 대응활동이 환경대응능력 및 성과에 미치는 영향", 경영학연구, 제31권 제4호, pp.1113~1133.

손성진(2009), "기업문화와 TQM, 6시그마 품질경영이 비재무성과와 재무성과에 미치는 효과", 경영학연구, 38(6), pp.1691~1719.

손은일 · 박영택(2000), "우리나라 히트상품 성공요인에 관한 연구", 한국품질경영학회지, 28(4), pp.119~139.

박창규(2001), "히트상품의 품질차원에 관한 연구", 한국경영과학회/대한산업공학회 춘계공동학술대회, pp.223~226.

송준일(2007), "친환경제품설계 시 환경성 측면 통합방법: 제품 전 과정 및 이해관계자의 요구사항", 아주대학교 대학원 박사학위논문.

신동설(2001), "블랙벨트를 통해 본 6시그마 성공의 핵심요인에 대한 실증적 연구", 단국대학교 대학원 박사학위논문.

아오키 야스히코·미타 마사히도·안도 유카리(1999), 『6시그마 경영』, 한국능률협회식스시그마 추진팀 역, 서울: 21세기북스.

안상형·이관석·이명호(2008), 『21세기 품질경영』, 서울: 박영사.

양리화·김진학(2008), "학습환경이 학습전이 의도와 직무만족에 미치는 영향에 관한 연구-중국기업의 유형별 조직문화 특성을 중심으로-", 국제지역연구, 12(3), pp.391~415.

양승권(2007), "6시그마 성공요인이 경영성과에 미치는 영향", 한국경영컨설팅학회 제9회 경영관련학회 하계통합학술대회, pp.1~10.

유창형(1982), 『공업입지론』, 螢雪出版社.

윤민석·이영·성삼경(1999), "유지보수성 목표하의 소프트웨어 개발방법 평가에 관한 실증연구: ANP 기법을 중심으로", 經營科學, 24권 4호, pp.141~155.

_____·이준석(2001), "수산물 산지종합처리장 부지선정 모형 개발 및 적용에 관한 연구", 經營科學, 18권 2호, pp.73~85.

이관률(1997), "도심산업공단의 기능적 특성에 관한 연구", 영남대학교 석사논문.

이강화(2001), 『상품학과 관세율표』, 서울: 법경사.

이건창·최봉·권순재(2004), "6시그마 경영활동으로 인한 기업경쟁력 향상에 관한 실증연구", 경영학연구, 33(6), pp.1735~1756.

이노우에 하루키(1999), 『실천 SCM 경영혁명』, 서울: 민미디어.

이만기(2009), "기업의 인적자원 개발실태와 기업성과 분석", 인적자원관리연구, 16(3), pp.193~208.

이명이(2007), "국내 조선산업의 환경경영 사례연구", 대한산업공학회 2007 추계학술대회 논문집, pp.1~5.

이범재(2007), "6시그마 성공결정 요인이 품질성과에 미치는 영향에 관한 실증연구", 대한설비관리학회, 12(3), pp.133~150.

이병욱(2000), "주가(株價)를 높이는 환경경영", 대한상공회의소, pp.68~74.

이상석·윤민석(1999), "통계처리용 소프트웨어 패키지 품질비교에 관한 연구", 품질경영학회지, 제27권 1호, pp.195~210.

이상문(2001), 『글로벌 시대의 초일류 기업을 위한 신경영과학』, 형설출판사.

이상한(1997), "환경법의 경제학적 분석", 한국경제연구원, pp.22~50.

이성근·이철우(2003), "경북지역의 지역혁신체제 구축과 지역전략산업 육성방안", (재)테크노파크.

이순룡(2004), 『제품·서비스 생산관리론』, 법문사.

이승훈(2005), "기업경쟁력 강화 - 무엇이 문제인가?", 경제학연구, 53(1), pp.175~204.

이정섭(2005), "AHP 기법을 이용한 기업부패지수 측정과 개발", 한국부패학회보,

제10권 2호, pp.111～140.

이정희(2009), "친환경 공급사슬관리가 환경성과에 미치는 영향에 관한 연구", 홍익대학교 대학원 박사학위논문.

이주태(2001), "EU시장 진출 한국기업의 입지선정요인과 경영성과에 관한 실증 연구", 한국무역학회지, 제26권 5호, pp.181～206.

이준화 · 하현구(2007), "중국 주요 도시들의 물류경쟁력 분석", 현대중국연구, 제 9집 1호, pp.139～170.

이준엽(2008), "중국의 지역별 기업경영 효율성에 대한 연구", 韓中社會科學硏究, 제6권 제1호(통권 11호), pp.75～98.

이일한(2006), "그린소비자의 환경비용 지불의지에 관한 연구", 중앙대학교 박사 학위논문.

이훈영(2008), 『연구조사 방법론』, 서울: 도서출판 청람.

임호순 · 유석천 · 김연성(1999), "연구개발사업의 평가 및 선정을 위한 DEA/AHP 통합모형에 관한 연구", 韓國經營科學學會誌, 제24권 4호, pp.1～12.

엄준용(2010), "DEA를 활용한 대학원의 효율성 분석", 고려대학교 대학원 박사학 위논문.

에코프런티어(2003), "2003 국제환경규제 대책 세미나: 선진국형 에코디자인 시스 템 구축", 산업기술원.

오수경(2004), "여행사의 여행서비스 품질향상에 관한 연구", 관관경영학연구, 8(3), pp.225～238.

오용석(2008), "환경친화적 환경경영에 관한 연구: 삼성을 중심으로", 광운대학교 환경대학원 석사학위논문.

오용선(2002), "생산자책임확대(EPR)제도에 의한 재활용가능: 폐플라스틱관리의 사회적경제성 평가", 서울대학교 대학원 박사학위논문.

유금록(2004), "공공부문의 효율성 측정과 평가: 프론티어분석의 이론과 적용", 대영문화사.

윤경준(2003), "공공부문 효율성 측정을 위한 DEA의 활용", 정부학연구, 제9권 제 2호, pp.7～31.

장기윤 · 한두봉(2006), "철강산업의 환경경영활동이 경영성과에 미치는 영향 분 석", POSRI 경영연구, 제6권 제2호, pp.46～64.

장동식(2008), "중국의 기업지배구조 개선노력에 관한 연구", 貿易學會誌, 제33권 제1호, pp.273～299.

장동철 · 곽수환 · 김종순(2011), "중국 각 지역의 환경경영 효율성 평가에 관한 연구: 중국통계연감 제조업관련 통계자료를 중심으로", 상품학연구, 제29 권 제4호, pp.73～85.

_____ · 김종순(2010), "제조기업의 품질경영과 기업경쟁력 향상: 중국 심양시의

제조업을 중심으로", 상품학연구, 제28권 제2호, pp.91~102.

_____ · 김종순(2011), "중국제조업의 친환경공급사슬관리에 관한 연구: 상해시와 심양시를 중심으로", 국제지역연구, 제15권 제2호, pp.303~328.

장형걸 · 김광수(2007), "6시그마 경영의 품질성과가 고객만족에 미치는 영향에 관한 연구", 한국경영학회 통합학술대회, pp.1~8.

정구현(1994), "국가와 기업의 국제경쟁력", 경영학연구, 23(2), pp.129~143.

정규석(1996), 『한국의 세계화 전략, TQM 연구회 감수』, 서울: 21세기북스.

정길채(2005), "환경효율성 지표 개발을 위한 탐색적 연구", 재무와 회계정보저널, 제4권 제1호, pp.51~73.

_____ · 장지인(2006), "환경효율성 측정지표와 연결회계상 공시방안에 관한 연구", 환경정책, 제14권 제2호, pp.139~164.

정민국(1996), "환경정책수단과 그 효율성 분석", 동아대학교 대학원논문집, 제21집, pp.239~260.

정수경 · 홍정표(2005), "제품의 사용자 선호에 따른 심미성 요소에 관한 연구-전라북도, 충청남도, 대구지역을 중심으로", 감성과학, 8(3), pp.203~212.

정영근 · 강상목 · 이준(2004), "환경경제효율성 실증분석을 통한 국가별 비교 연구", 한국환경정책평가연구원.

정우식(2010), "중국 지역별 환경오염원 배출과 경제성장 간의 비교분석", 현대중국 연구, 제12권 제1호, pp.195~243.

정헌배(1995), "왜 환경경영인가? 기업의 환경주의 경영전략의 수립", 기업경영, 제446('95.6)호, pp.66~70.

조국진(2000), "여행상품의 품질관리 제고에 관한 연구", 여행학연구, 11, pp.193~213.

조근태 · 홍순욱 · 권철신 역(2000), 『리더를 위한 의사결정』, (원저: Thomas L. Saaty, Decision Making for Leaders, RWS Publication, 1996), 동현출판사.

조지현 · 장중순(2006), "6시그마 핵심구성요소 선정", 품질경영학회지, 34(4), pp.22~32.

조주현 · 이영수 · 차근호(2003), "환경규제 강화와 효율성분석: 한국 제조업을 중심으로", 경제학연구, 제51권 제4호, pp.279~313.

조중래(2001), "정유산업을 대상으로 한 환경성과 평가지수의 개발 및 활용 연구", 고려대학교 박사학위 논문.

차경훈(2006), "기후변화협약의 교토메카니즘에 대한 에코효율성 접근방법", 건국대학교 대학원 석사학위논문.

차윤숙 · 정문상(1998), "우리나라 식음료산업 장수 히트상품의 성공요인에 관한 연구", 정보전략학회지, 1(1), pp.151~173.

황규승 외 6인(2003), 『엑셀을 활용한 경영과학의 이해』, 학현사.

황용우(2007), 『전 과정 평가』, 도서출판 두남.

홍성훈(1999), "유럽연합국가에 있어 한국 다국적기업들의 입지선정에 관한 연구", 貿易學會誌, 제24권 3호, pp.73～90.

한국광고단체연합회(2008), "인터넷 이용자 이용형태에 대한 조사: 2007년 12월 Korea Netizen Profile, www.adic.co.kr."

한병섭 · 서민교(2005), "중국에 투자한 한국기업 제조법인 자회사의 공장입지 선택결정요인에 관한 연구", 貿易學會誌, 제30권 3호, pp.101～127.

황석원 · 안두현 · 최승현 · 권성훈 · 천동필 · 김아름 · 박종혜(2009), "국가연구개발사업 R&D 효율성 분석 및 제고방안", 과학기술정책연구원.

Adam Jr, Everett E.(1994), "Alternative Quality Improvement Practices and Organization Performance", Journal of Operations Management, 12(1), pp.27～44.

Anderson, James C. and James A. Narus(1990), "A Model of Distributer Firm and Manufacturer Firm. Working Partnerships", Journal of Marketing, Vol.54, No.1, pp.42～58.

Anderson, Robert J.(1999), "Representations and Requirements: the Value of Ethnography in System Design", Human-Computer Interaction, 9(2), pp.151～182.

Andreas, Norman and UIF Jansson(2004), "Ericsson's Proactive Supply Chain Risk Management Approach After a Serious Sub-Supplier Accident", International Journal of Physical Distribution & Logistics Management, Vol.34, No.5, pp.434～456.

Anthony, Robert N. and John Dearden(1980), *Management Control System*, 4th ed., Richard, D. Irwin Inc., Homewood, IL: USA.

Antony, Jiju and Ricardo Banuelas(2002), "Key Ingredients for the Effective Implementation of Six Sigma Program", Measuring Business Excellence, 6(4), pp.20～27.

Bagozzi, Richard P. and Youjae Yi(1998), "On the Evaluation of Structural Equation Models", Journal of Academy of Marketing Science, 16(1), pp.74～94.

Barney, Jay B. and William S. Hesterly(2006), *Strategic Management and Competitive Advantage,* New Jersey: Pearson Prentice Hall.

Banker, Rajiv D., A. Charnes, and William W. Cooper(1984), "Some Models for Estimating Technical and Scale Inefficiencies in Data Envelopment Analysis", Management Science, 30(9), pp.1078～1092.

Banker, Rajiv D. and Richard C. Morey(1986), "The Use of Categorical Variables in DEA", Management Science, 32(12), pp.1613～1627.

Bartik, Timothy J.(1985), "Business Location Decisions in the Unite States: estimates

of the Effects of Unionization, Taxes, and Other Characteristics of States",
Journal of business and Economic Statistics, 3(1), pp.14~22.

Bass, Bernard M.(1990), "From the Transactional to Transformational Leadership:
Learning to Share the Vision", Organizational Dynamics, 18(3), pp.19~31.

Berkley, Blair J. and Amit Gupta(1995), "Identifying the Information Requirements to
Deliver Quality Service", International Journal of Service Industry Management,
6(5), pp.16~35.

Blakeslee Jr., Jerome A.(1999), "Implementing the Six Sigma Solution", Quality
Progress, July, pp.77~85.

Bowen, Frances E., Paul D. Cousins, Richard C. Lamming, and Adam C. Faruk(2001),
"The Role of Supply Management Capabilities in Green Supply", Production
and Operation Management, Vol.10, No.2, pp.174~189.

Boyd, Gale A. and John D. McClelland(1999), "The Impact of Environmental
Constraints on Productivity Improvement in Integrated Paper Plants", Journal
of Environmental Economics and Management, 38(2), pp.121~142.

Boussofiane Aziz, Robert G. Dyson, and Emmanuel Thanassoulis(1991), "Applied
Data Envelopment Analysis", European Journal of Operational Research,
52(1), pp.1~15.

Byrne, George(2003), "Ensuring Optimal Success with Six Sigma Implementations",
Journal of Organizational Excellence, 22(2), pp.43~50.

Carlton, Dennis W.(1983), "The Location and Employment Choices of New Firms: An
Econometric Model with Discrete and Continuous Endogenous Variables",
The Review of economics and statistics, 65(3), pp.440~449.

Charnes, A., William W. Cooper, Arie Y. Lewin, and Lawrence M. Seiford(1994),
Data Envelopment Analysis: Theory, Methodology and Application, Kluwer
Academic Publishers Boston, MA: USA.

Cheng, Leonard K. and Yum K. Kwan(2000), "What are the Determinants of the
Location of Foreign Direct Investment? The Chinese Experience", Journal of
International Economics, 51(2), pp.379~400.

Clark, Kim B.(1989), "Project Scope and Project Performance: The Effect of Parts
Strategy and Supplier Involvement on Product Development", Institute of
Management Science, Vol.35, No.10, pp.1247~1263.

Coelli, Timothy J., Dodla Sai Prasada Rao, Christopher J. O'Donnell, and George
Edward Battese(1998), *An Introduction to Efficiency and Productivity Analysis*,
2nd ed., Kluwer Academic Publishers, Boston, MA: USA.

Coggins, Jay S. and John R. Swinton(1996), "The Price of Pollution: A Dual

Approach to Valuing SO2 Allowance", Journal of Environmental Economics and Management, 30(1), pp.58~72.

Collins, Jim(2001), *Good to Great: Why Some Companies Make the Leap, and Others Don't,* New York: HarperBusiness Publishers Inc.

Cooper, Martha C. and John T. Gardner(1993), "Building Good Business Relationships: More Than Just Partnering or Strategic Alliance?", International Journal of Physical Distribution & Logistics Management, Vol.23, No.6, pp.14~26.

Cooper, Robert Gravlin(1979), "Identifying Industrial New Product Success: Project New Prod", Industrial Marketing Management, April, 8(2), pp.124~135.

Cooper, Robert Gravlin and Elko J. Kleinschmidt(1986), "An Investigation into the New Product Process: Steps, Deficiencies, and Impact", Journal of Product Innovation Management, 3, pp.71~85.

Cooper, William W., Lawrence M. Seiford, and Kaoru Tone(2000), *Data Envelopment Analysis: A Comprehensive Text with Models, Application, References and DEA-Solver Software,* Kluwer Academic Publisher, Boston, MA: USA.

Cooper, William W., Lawrence M. Seiford, and Kaoru Tone(2006), *Data Envelopment Analysis: A Comprehensive Text with Models, Application, References and DEA-Solver Software,* 2nd ed., Springer, New York: USA.

Coughlin, Cletus C., Joseph V. Terza, and Vachira Arromdee(1991), "State Characteristics and the Location of Foreign Direct Investment within the United States", The Review of Economics and Statistics 73(4), pp.675~683.

Damanpour, Fariborz(1991), "Organizational Innovation: A Meta-Analysis of Effects of Determinants and Moderators", Academy of management Journal, 34(3), pp.555~590.

Davidson, William H.(1980), "The Location of Foreign Direct Investment Activity: Country Characteristics and Experience Effects", Journal of International Business Studies, 11(2), pp.9~22.

Ellram, Lisa M. and Thomas E. Hendrick(1995), "Partnering Characteristics: A Dyadic Perspective", Journal of Business Logistics, Vol.16, No.1, pp.41~64.

Debreu, Gerard(1951), "The Coefficient of Resource Utilization", Econometrica: journal of the Econometric Society, 19(3), pp.273~292.

Farrell, Michael J.(1957), "The Measurement of Productive Efficiency", Journal of the Royal Statistical Society, Series A(General), 120(3), pp.253~290.

Fare, Rolf, Shawna P. Grosskopf, C. Knox Lovell, and Suthathip Yaisawarng(1993), "Derivation of Shadow Prices for Undesirable Outputs: A Distance Function Approach", The Review of Economics and Statistics, 75(2), pp.374~380.

Fiksel, Joseph(1996), *Design for Environment, Creating Eco-Efficient Products and Processes*, McGraw Hill.

Florida, Richard and Derek Davison(2001), "Gaining From Green Management: Environmental Management Systems Inside and Outside the Factory", California Management Review, Vol.43, No.1, pp.64~84.

Florida, Richard (1996), "Lean and Green: The Moved to Environmentally Conscious Manufacturing", California Management Review, Vol.39, No.1, pp.80~105.

Gale, Sarah Fister(2003), "Building Frameworks for Six Sigma Success", Workforce, May, pp.64~69.

Garvin, David A.(1984), "What Does 'Product Quality' Really Mean?", Sloan Management Review, 26(1), pp.25~43.

Gilley Jerry W. and Steven A. Egglund(1989), *Principles of Human Resource Development*, Massachusetts: Addison-Wesley.

Godfrey, R.(1998), *Ethical Purchasing: Developing The Supply Chain Beyond The Environment*, In Russel. T. (Ed), Greener Purchasing: Opportunities and Innovations, Greenleaf Publishing, Sheffield, England.

Gray, Rob, Jan Bebbington, Diane Walters, and Martin Houldin(1993), *Accounting for the Environment*, London, Paul Chapman Publishing.

Hahn, Gerry J.(2005), "Six Sigma: 20 Key Lessons Learned: Experience Shows What Works and Does Not Work", Quality and Reliability Engineering International, 21, pp.225~233.

Hahn, Gerald J., William J. Hill, Roger W. Hoerl and Stephen A. Zinkgraf(1999), "The Impact of Six Sigma Improvement-A Glimpse into the Future of Statistics", The American Statistician, 53(3), pp.208~215.

Harker, P.(1989), *The art and science of decision making: The Analytic Hierarchy Process*, SpringerVerlag Berlin-Heideberg.

Harry, Mikel and Richard Schroeder(2000), *Six Sigma: Breakthrough Management Strategy Revolutionizing the World's Top Corporations*, New York: Currency/ Doubleday.

Hart, Stuart L.(1997), "Beyond Greening: Strategies for a Sustainable World", Harvard business Review, January-february, pp.66~76.

Heuring, Linda(2004), "Six Sigma in Sight", HR Magazine, March, pp.76~80.

Hines, Frances and Richard Johns(2001), *Environmental Supply Chain Management Evaluating The Use of Environmental Mentoring Through Supply Chain*, Pater Presented at The Greening of Industry Network Conference, Bangkok.

Hoy, Wayne and Cecil Miskel(2008), *Educational Administration: Theory*, Research and Practice, 8th ed., Mcgraw-Hill, New York: USA.

Jacqueline M. Bloemhof-Ruwaard, Paul van Beek, Leen Hordijk, Luk N. Van Wassenhove(1995), "Interactions Between Operational Research and Environmental Management", European Journal of Operational Research, Vol.85, pp.229~ 243.

Juran, Joseph M.(1993), "Made in USA: A Renaissance In Quality", Harvard Business Review, Jury-August, pp.42~50.

Kanbur, Ravi and Xiaobo Zhang(2005), "Fifty Years of Regional Inequality in China: A Journey through Central Planning, Reform, and Openness", Review of Development Economics, 9(1), pp.87~106.

Kittiprapas, S. and P. McCann(1999), "Industrial location behaviour and regional restructuring within the fifth 'Tiger' economy: evidence from the Thai electronics industry", applied economics, 31(1), pp.37~51.

Kolter, Philip(1988), *Marketing management Analysis, Planning, Implementation, and Control*, 6th ed. Englewood Cliffs N. J.: Prentice Hall, Inc. 446.

Koontz, Harold and Cyril O'Donnell(1972), *The Principle of Management*, Tokyo: McGraw-Hill Kogakusha Ltd.

Koopmans, Tjalling C.(1951), *Analysis of Production as an Efficient Combination of Activities*, in Tjalling C. Koopmans(ed.), Activity Analysis of Production and Allocation, Wiley, New York: USA, pp.33~97.

Lambert, Douglas M. and Martha C. Cooper(2000), "Issues in Supply Chain Management", Industrial Marketing Management, Vol.29, No.1, pp.65~83.,

Lambert, Douglas M., Margaret A. Emmelhainz, and John T. Gardner(1996), "Developing and Implementing Supply Chain Partnership", The International Journal of Logistics Management, Vol.7, No.2, pp.1~18.

La Londe, Bernard J. and Martha C. Cooper(1989), "Partnerships in Providing Customer Service: A Third Party Perspective", Council of Logistics Management (U.S.).

Lewis, Helen, John Gertsakis, and Tim Grant, Nicola Morelli, Andrew Sweatman(2001), "Design+Encironment a Global Guide to Designing Greener Goods", Greenleaf Publishing.

Lindhqvist, Thomas(1992), "Extended Producer Responsibility, in Extended Producer Responsibility as A Strategy to Promote Cleaner Products", Department of Industrial Environmental Economics Lund University, Sweden(IIIEE).

Liu, Yuping(2007), "The long-Term Impact of Loyalty Program on Consumer Purchase Behavior and Loyalty", Journal of Marketing, 71(October), pp.19~35.

Lovell, C. A. Knox(1993), *Production Frontiers and Productive Efficiency*, in H. O. Fried, C. A. Knox Lovell and S. S. Schmidt, eds., The Measurement of Productive Efficiency: Techniques and Application, Oxford University Press, New York: USA, pp.3~67.

McCracken Martin and Marry Wallace(2000), "Exploring Strategic Maturity in HRD", Journal of European Industrial Training, 24(8), pp.425~426.

McLagan, Patricia A. and Suhadolnik Eebra(1989), *Models for HRD Practice: The Research Report Alexandria(1989)*, Models for HRD Practice: The Research Report Alexandria, Virginia: American Society for Training and Development.

Mentzer, John T., James H. Foggin, and Susan L. Golicic(2000), "Collaboration: The Enablers, Impediments, and Benefits", Supply Chain Management Review, Vol.4, No.4, pp.52~58.

Messelbeck, James and Michael Whaley(1999), "Greening The Health Care Supply Chain: Triggers of Change, Models of Success." Corporate Environmental Strategy, Vol.6, No.1, pp.38~45.

Min, Hokey and William P. Galle(1997), "Green Purchasing Strategies: Trends and Implications", International Journal Purchasing and Materials Management, Vol.33, No.3, pp.10~17.

Mondy, R. Wayne and Robert M. Noe(1990), *Human Resource Management*, 4th ed., Massachusetts: Allyn and Bacon.

Narasimhan, Ram and Joseph R. Carter(1998), "Environmental Supply Chain Management", For Advanced Purchasing Studies, Focus study.

Nunnally, Jum C.(1978), Psychometric Theory, New York: McGraw- Hill.

Plaut, Thomas R. and Joseph E. Pluta(1983), "Business Climate, Taxes and Expenditures, and State Industrial Growth in the United States", Southern Economic Journal, 50(1), pp.99~119.

Purba, Rao(2002), "Greening the Supply Chain: A New Initiative in South East Asia", International Journal of Operations and Production Management, Vol.22, No.6, pp.632~655.

Ricardo, Banuelas Coronado and Fiju Antony(2002), "Critical Success Factors for the Successful Implementation of Six Sigma Projects in Organizations", The TQM Magazine, 14(2), pp.92~99.

Richard, Engelbrecht Wiggans, Ernan Haruvy, and Elena Katok(2007), "A Comparison of Buyer-Determined and Price-Based Multiattribute Mechanisms", Marketing Science, 26(5), pp.629~641.

Rosen, Christine M.(2001), "Environmental Strategy and Competitive Advantage: an

Introduction", California Management Review, Vol.13, No.3, pp.8~15.

Rowlands, Hefin(2003), "Six Sigma: A New Philosophy or Repacking of Old Ideas?", Engineering Management, April, pp.18~21.

Russel, Trevor(1998), "Greener Purchasing: Opportunities and Innovations", Greenleaf Publishing, Sheffield.

Saad, Germaine H. and Samia Siha(2000), "Managing Quality: Critical Links and a Contingency Model", International Journal of Operation & Production Management, 20(10), pp.1146~1163.

Saaty Thomas L.(1980), *The Analytical Hierarchy Process*, Mcgraw-Hill, New york, p.21.

_____.(1982), *Decision Making for Leaders*, Lifetime Learning Publications, London.

_____.(1996), *The Analytic Network Process*, RWS Publications.

Sahay, B. S.(2003), "Understanding Trust in Supply Chain Relationships", Industrial Management & Data Systems, Vol.103, No.8, pp.553~563.

Samuels, David I. and Frank L. Adomitis(2003), "Six Sigma Can Meet Your Revenue-Cycle Needs", Healthcare Financial Management, 57(11), pp.70~75.

Sarkis, Joseph(2003), "A Strategic Decision Framework for Green Supply Chain Management", Journal of Cleaner Production, Vol.11, No.4, pp.397~409.

Schmenner, Roger W., Joel C. Huber, and Randall L. Cook(1987), "Geographic differences and the Location of New manufacturing Facilities", Journal of Urban Economics, January, pp.83~104.

SERI(2003), "Top 10 winning products in year 2003", CEO Information, 430(December), pp.1~27.

Seuring, Stefan A.(2001), "Green Supply Chain Costing: Joint Cost Management in the Polyester Linings Supply Chain", GREENLEAF PUBLISHING, Vol.33, pp.71~80.

Simar, Leopold and Paul W. Wilson(2000), "Statistical Inference in Nonparametric Frontier Models: The State of the Art", Journal of Productivity Analysis, 13, pp.49~78.

Smith, Robert E., Scott B. MacKenzie, Xiaojing Yang, Laura M. Buchholz, and William K. Darley(2007), "modeling the Determinants and Effects of Creativity in Adversing", Marketing Science, 26(6), pp.819~833.

Speckman, Robert E., John W. Kamauff Jr., and Niklas Myhr(1998), "An Empirical Investigation into Supply Chain Management: A Perspective on Partnership", International Journal of Physical Distribution & Logistics, Vol.28, No.8, pp.630～650.

Swamidass, Paul M.(1990), "A Comparison of The Plant Location Strategies of Foreign and Domestic Manufacturers in The U.S.", Journal of International Business Studies, 21(2), pp.301～317.

Swait, Joffre and Tulin Erdem(2007), "Brand Effect on Choice and Choice Set Formulation under Uncertainty", Marketing Science, 26(5), pp.679～697.

Swinton, John R.(1998), "At What Cost do We Reduce Pollution? Shadow Prices of SO2 Emissions", The Energy Journal, 19(4), pp.63～83.

Thanassoulis, Emmanuel(2001), "Introduction to the Theory and Application of Data Envelopment Analysis", Massachusetts: Kluwer Academic Publishers.

Urban, Glen Lee and John Richard Hauser(1993), *Design and Marketing of New Products*, 2nd ed, Prentice-Hall.

Viseras, Enrique Minarro, Tim Baines, and Mike Sweeney(2005), "Key Success Factors When Implementing Strategic Manufacturing Initiatives", International Journal of Operations & Production Management, 25(2), pp.151～179.

Viswanathan, Siva, Jason Kuruzovich, Sanjay Gosain, and Ritu Agarwal(2007), "Online Infomediaries and Price Discrimination: Evidence from the Automotive Retailing Sector", Journal of Marketing, 71(3), pp.89～107.

Welch, Eric W., and Ashish Rana and Yasuhumi Mori(2003), "The Promises and Profits of ISO 14001 for Competitiveness and Sustainability: a Comparison of Japan and the United States", Greener Management International; Winter, Vol.44, pp.59～73.

Wikund, Hå, Kan, and Pia Sandvik Wiklund(2005), "Widening the Six Sigma Concept: An Approach to Improve Organizational Learning", Total Quality Management & Business Excellence, 13(2), pp.233～239.

Wolters, T., M. Bouman and M. Peeters(1995), "Environmental Management and Employment: Pollution Prevention Requires Significant Employee Participation", Greener Management International, Vol.11, pp.63～72.

Wu, Xiaohong and Roger Strange(2000), "The Location of Foreign Insurance Companies in China", International Business Review, 9(3), pp.383～398.

Zhu, Qinghua and Joseph Sarkis(2004), "Relationships Between Operational Practices and Performance Among Early Adopters of Green Supply Chain Management Practice", Journal of Operations Management, Vol.22, No.3, pp.265～289.

蔡亞南(2005), "中國企業的競爭力評析", 理論前沿, 第19期 pp.17～19.

陳継運(2007), "中國企業競爭力評价体系研究述評", 商業時代(商業經濟研究), 第9期, pp.43～44.

何倩(2007), "企業幷購中目標企業的選擇問題研究", 沈陽大學 管理科學与工程專業 碩士論文.

方立(2007), "我國物流企業戰略性幷購的目標企業選擇研究", 北京交通大學 物流管理与工程專業 碩士論文.

馮新平(2008), "鐵路工程項目招評標評价研究", 華北電力大學(河北) 項目管理專業 碩士論文.

沈麗娟(2008), "山東可持續發展系統空間結构研究", 山東師范大學 人文地理專業 博士論文.

李安平(2005), "層次分析法在船舶投資決策中的應用研究", 上海海事大學 會計學 碩士論文.

呂文學(2004), "我國大型建筑企業競爭力及其提升途徑研究", 天津大學 工業工程專業 博士論文.

晶敏杰(2005), "層次分析法在FAG公司供應商選擇決策中的應用", 上海海事大學 工商管理專業 碩士論文.

王國興(2007), "基于模糊層次分析的供應鏈績效評价研究", 北京化工大學 管理科學与工程專業 碩士論文.

王世軍(2006), "基于DEA-AHP-FCE方法的民營企業上市公司績效綜合評价研究", 河海大學 技術經濟及管理專業 博士論文.

王雪華(2002), "兩种層次結构化決策方法的理論与應用研究---AHP与AIM", 大連理工大學 系統工程專業 博士論文.

吳玉軍(2004), "我國企業質量管理的現狀及對策思考", 管理科學, 第4期 pp.89～90.

楊明勛(2006), "土地開發价值因素, 營銷策略對經營績效影響之研究", 中國科學技術大學 管理科學与工程專業 博士論文.

楊 蓉(2008), "中國企業競爭力研究", 江漢論壇, pp.31～36.

宮坂正治(1971), 『工業立地論』, p.4.

丁瑩(2005), "质量管理就怕不认真", 中国质量网, 中國質量報, 第二版 9月 26日.

赵光伟, 韩俊仙(2001), "6西格玛管理名词释义", 中国质量, 第九册, pp.8～9.

趙常林(1999), "企業文化的五種基本類型分析", CHINESE & FOREIGN CORPORATION CULTURE, 1999年 04期.

董晓丹(2009), "바오강그룹의 녹색경영", China Journal 창간 3주년 특집, pp.46～47.

刘汪盛(2004), "供应链管理中的信息共享问题研究", 武汉理工大学 碩士学文论文.

张汉江, 吳娜, 唐维(2006), "實施綠色供應鏈管理, 促進制造業可持續發展的意义与对策分析", 生态经济, Vol.5, pp.241～244.

邓晓红, 徐中民, 程怀文(2009), "基于DEA模型的甘肃省经济运行和环境管理效率评价研究", 冰川冻土, 203期, pp.163～169.

杨俊, 邵汉华, 胡军(2010), "中国环境效率评价及其影响因素实证研究", 中国人口资源与环境, 02期, pp.53～59.

卞亦文(2006), "基于DEA理论的环境效率评价方法研究", 中国科学技术大学 博士学位论文.

http://www.cqc.com.cn.
http://www.caepi.org.cn.
http://www.cnca.gov.cn.
http://www.sepacec.com.
中國消費者网 http://www.12315.com/PaiHang/.
http://www.eeo.com.cn/2011/0708/205626.shtml.

장동철

경영학 박사
장춘세무대학 회계학과 졸업(중국)
강원대학교 대학원 경영학과 졸업(석·박사)
강원대학교 경영학과 시간강사
배재대학교 중국학부 중국통상학과 전임강사

중국기업의 이해

초판인쇄 | 2012년 2월 1일
초판발행 | 2012년 2월 1일

지 은 이 | 장동철
펴 낸 이 | 채종준
펴 낸 곳 | 한국학술정보㈜
주   소 | 경기도 파주시 문발동 파주출판문화정보산업단지 513-5
전   화 | 031) 908-3181(대표)
팩   스 | 031) 908-3189
홈페이지 | http://ebook.kstudy.com
E-mail | 출판사업부 publish@kstudy.com
등   록 | 제일산-115호(2000. 6. 19)

ISBN   978-89-268-3082-6 93320 (Paper Book)
             978-89-268-3083-3 98320 (e-Book)